U0721347

深圳大学传播学院 "翻译文化终身成就奖" 得主

媒介环境学译丛 第四辑 何道宽担纲主译

LA
CITTADINANZA
DIGITALE

数字公民

智能网络时代的治理重构

［巴西］马西莫 · 费利斯
Massimo Di Felice — 著

何道宽 ——————— 译

中国大百科全书出版社

图字：01-2025-0685

图书在版编目（CIP）数据

数字公民：智能网络时代的治理重构 /（巴西）马西莫·费利斯著；何道宽译 . -- 北京：中国大百科全书出版社，2025. --（媒介环境学译丛）. -- ISBN 978 -7-5202-1918-1

Ⅰ . C913；TP393.4

中国国家版本馆 CIP 数据核字第 202532U2Z5 号

Original title: Massimo Di Felice, La cittadinanza digitale
Copyright © Meltemi Editore 2025.

出 版 人	刘祚臣
策 划 人	曾　辉
出版统筹	王　廓
责任编辑	易希瑶
责任校对	程　园
责任印制	李宝丰
封面设计	赵释然
出版发行	中国大百科全书出版社
地　　址	北京市西城区阜成门北大街 17 号
邮政编码	100037
电　　话	010-88390635
网　　址	www.ecph.com.cn
印　　刷	北京君升印刷有限公司
开　　本	880 毫米 × 1230 毫米　1/32
印　　张	7.25
字　　数	161 千字
版　　次	2025 年 6 月第 1 版
印　　次	2025 年 6 月第 1 次印刷
书　　号	ISBN 978-7-5202-1918-1
定　　价	59.00 元

谨以此书献给所有不甘于梦想一个公正社会、不满足于选举一个更好的政府，而且更愿意为一个崭新世界努力奋斗的人。在这个新世界里，栖居着一个新物种，它不像人类这般悲惨和愚蠢；在这个新世界里，公民不仅仅是人类。这就是包容世间万物的新世界。

总　序

20 世纪 50 年代初，哈罗德·伊尼斯的《帝国与传播》《传播的偏向》和《变化中的时间观念》问世。1951 年，马歇尔·麦克卢汉的《机器新娘》出版。20 世纪 60 年代，麦克卢汉又推出《谷登堡星汉璀璨》和《理解媒介》，传播学多伦多学派形成。

20 世纪 80 至 90 年代，尼尔·波兹曼的传播批判三部曲——《童年的消逝》《娱乐至死》《技术垄断》陆续问世，传播学媒介环境学派形成。

1998 年，媒介环境学会成立，以麦克卢汉为代表的传播学第三学派开始问鼎北美传播学的主流圈子。

2007 年，以何道宽和吴予敏为主编、何道宽主译的"媒介环境学译丛"由北京大学出版社推出，印行四种，为中国的媒介环境学研究奠基。

2011 年，以麦克卢汉百年诞辰为契机，麦克卢汉学和媒介环境学在世界范围内进一步发展，进入人文社科的辉煌殿堂。中国学者不遑多让，崭露头角。

2018 年，深圳大学传播学院与中国大百科全书出版社达成战略合作协议，推出"媒介环境学译丛"，计划在三年内印行十余种传播学经典名著，旨在为传播学修建一座崔巍的大厦。

我们重视并推崇媒介环境学派。它主张泛技术论、泛媒介论、泛环境论、泛文化论。换言之，凡是人类创造的一切、凡是人类加工的一切、凡是经过人为干扰的一切都是技术、环境、媒介和文化。质言之，技术、环境、媒介、文化是近义词，甚至是等值词。这是媒介环境学派有别于其他传播学派的最重要的理念。

它的显著特点是：（1）深厚的历史视野，关注技术、环境、媒介、知识、传播、文明的演进，跨度大；（2）主张泛技术论、泛媒介论、泛环境论，关注重点是媒介而不是狭隘的媒体；（3）重视媒介长效而深层的社会、文化和心理影响；（4）深切的人文关怀和现实关怀，带有强烈的批判色彩。

从哲学高度俯瞰传播学的三大学派，其基本轮廓是：经验学派埋头实用问题和短期效应，重器而不重道；批判学派固守意识形态批判，重道而不重器；媒介环境学着重媒介的长效影响，偏重宏观的分析、描绘和批评，缺少微观的务实和个案研究。

21 世纪，新媒体浩浩荡荡，人人卷入，世界一体，万物皆媒介。这一切雄辩地证明：媒介环境学的泛媒介论思想是多么超前。媒介环境学和新媒体的研究已融为一体。

在互联网时代和后互联网时代，媒介环境学的预测力和洞察力日益彰显，它自身的研究和学界对它的研究都在加快步伐。吾人当竭尽绵力。

译丛编委会

2019 年 9 月

目
录

总　序 　　　　　　　　　　　　　　　　　　　　　　　　I

译者序：泛公民身份的张扬与后人类社会的宣言　　　　　01

中文版序：人本主义的终结与西方民主的危机　　　　　11

德克霍夫序：西方认识论的危机和新世界的建构　　　　21

绪　论　　　　　　　　　　　　　　　　　　　　　　001

第一章　世界的变形　　　　　　　　　　　　　　　　009

第二章　万网之网：互联网的演化　　　　　　　　　　015

第三章　物联网和无机主角　　　　　　　　　　　　　021

第四章　万物互联：新环球连接　　　　　　　　　　　025

第五章　信息生态　　　　　　　　　　　　　　　　　029

第六章　栖居在网络　　　　　　　　　　　　　　　　035

第七章　从城邦到共生世界　　　　　　　　　　　　　041

第八章　人是非神、"非人"、"非动物"、非物　　　　047

第九章　在盖亚的网络里：从社会契约到自然契约　　　053

第十章　"物的议会"和非人者的权利　　　　　　　　059

第十一章　寰宇政治：无主体或客体的公民身份　063

第十二章　行动者网络　069

第十三章　从公民到信息个体　073

第十四章　算法公民身份　079

第十五章　平民主义：算法的政治形式　085

第十六章　无党派身份的参与　091

第十七章　未经识别的政治客体　097

第十八章　从政治家到发言人：数字网络时代政治语言的变迁　101

第十九章　新公民（一）：病毒　107

第二十章　新公民（二）：森林、河流、生态系统和气候　113

第二十一章　新公民（三）：数据个体和全息身份　117

第二十二章　新公民（四）：人形机器人、机器人和植物机器人　123

第二十三章　新公民（五）：计算机实体、虚拟化身和数字助理　127

第二十四章　分布式公民身份（一）：从议会到平台　133

第二十五章　分布式公民身份（二）：数字平台交互的生态品质　139

第二十六章　分布式公民身份（三）：数字交互平台的三种模式　147

第二十七章　既不社会，也不自然：区块链的分布式契约性　157

附录　数字公民身份宣言书　167

术语对照表　171

译后记　177

译者介绍　179

译者序：泛公民身份的张扬与后人类社会的宣言

一、题解

《数字公民：智能网络时代的治理重构》(下文简称《数字公民》)题名新颖，吸引眼球，有冲击力，又挑战重重，应如何解读呢？

何为"数字公民"？西方民主观念有何危机？数字网络参与有何民主？网络时代的治理如何重构？诸多问题富有挑战性。

巴西圣保罗大学教授马西莫·费利斯调动他麾下的圣保罗大学国际研究中心，穷六年精力（2010—2015），团结国际一流学者，在《数字公民身份宣言书》的基础上写成这部专著，研究和反思社交网络总体上给公民的参与、决策过程和政治带来的变化。这本书切中积弊，短小却厚重，平易却深刻，炫酷却严谨。

现抄录作者的一段话，借以题解难题之一的"公民"：

"我们可以用'公民'一词取代海德格尔的复合词'此在'（being—with）。

我们不再用城市、国家或民族等词语，而是用'共生世界'取而代之。

不再用智人一词，而是用'此在'取而代之。

不再用行为一词，而是用'共在'取而代之。"

还可以抄录作者为本书写下的题记，借以说明本书的主旨：

"谨以此书献给所有不甘于梦想一个公正社会、不满足于选举一个更好的政府，而且更愿意为一个崭新世界努力奋斗的人。在这个新世界里，栖居着一个新物种，它不像人类这般悲惨和愚蠢；在这个新世界里，公民不仅仅是人类。这就是包容世间万物的新世界。"

二、魔幻与创新

圣保罗大学的国际研究中心正名为"跨学科数字网络研究中心"，其英文名 Atopos 颇为魔幻。Atopos 是什么意思呢？

且引作者的两段话，看他本人的解释：

"在西方哲学传统里，希腊词'atopos'的特定含义并非字面直解的'非场所'之意，其意义见于它与自己模糊的关系中：'难以描绘之地''陌生地''不大可能之地''不在应在的位置'。"

"因此，非局部性不是'非场所'（non-place）。非局部性不是一种新型的空间，也不是模拟的领地，也不能完全界定为一种克服了物理和地理空间形式的后领地性（post-territoriality）。非局部性最好被界定为替代这些概念的概念，它是一种数字 – 物质的和跨有机的信息形式，其构造成分是数字信息技术和信息生态系统。"

《数字公民》的魔幻色彩由此可见一斑。像拉丁美洲一样，这本书是魔幻思想的沃土，富有思辨和批判色彩。作者检视西方民主的演化过程，反思其不足，追寻其发展。他用《宣言书》和专著的形式"研究和反思社交网络总体上给公民参与、决策过程和政治带来的变化"。他研究的数字公民不限于人，而是包括非人的实体、跨有机体和无机体，甚至是超越生物圈的世间万物。

本书涉及人文社科、科学技术的方方面面，思想密集，术语丛生，富有梦幻色彩。二十七章的题名就有大量新颖的思想和术语，读之令人目眩："万网之网""物联网和无机主角""万物互联""人是非神、'非人'、'非动物'、非物""从社会契约到自然契约""物的议会和非人者的权利""无主体或客体的公民身份""算法公民身份""算法的政治形式""无党派身份的参与""从政治家到发言人""数据个体和全息身份""区块链的分布式契约性"……

为了帮助读者扫除障碍，不至胆怯，我们编制了一个简明扼要的"术语对照表"，共7页，包含上百个条目。请读者充分利用。

其中一些术语纯粹是费利斯的独创：网络行动主义（webactivism）、生存交往形式（communicative form of living）、信息个体（infovidual）、连接式生态（connected ecologies）、参与式生态（participative ecologies）、"物的议会"（parliament of things）、公民直接参与（direct citizen participation）……

希望译者编制的"术语对照表"和译者序成为你在《数字公民》原始密林里导航、觅踪的向导。

三、导读

本书思想新颖而密集，有一定难度，建议读者先看三篇"导读"：译者序《泛公民身份的张扬与后人类社会的宣言》，德克霍夫序《西方认识论的危机和新世界的建构》和中文版序《人本主义的终结与西方民主的危机》。

先说作者特意增写的中文版序，"人本主义的终结与西方民主的危机"是他自拟的题名。这是全书很好的"预热"。在这篇四千余字的序里，他指出西方认识论的危机，简要提示了他的答案：西方以人为中心的世界观造成主客分离、人与自然的分离和生态危机。

且看"中文版序"的要论撷英：

"西方认识论的设想之一是，人凌驾于世界之上，人有权绝对驾驭自然和技术。这也许是整个西方文明主要的奠基神话。"

"在西方思想里，人仿照上帝的形象，是有思想的生灵；人成为自己命运的唯一设计师，唯独人有理性；人通过理性主宰自然。"

"西方民主理念及其公民身份危机的一个主要原因是个人与制度的距离日益拉大。"

"人不再是历史的唯一缔造者。"

"人本主义及其世界理念和公民身份终结了，随之而起的是一场辩论的开启；从新的理论前提出发，线上的其他替代应该是可能的。"

接着说德克霍夫的序。

我们这套"媒介环境学译丛"的特色之一是，首席顾问德克霍夫教授为他推荐的每一本书写作中文版序，这些序给原著增光添彩，惠及读者和译者。

他为《数字公民》所作的序文洋洋洒洒，近八千字。译者建议加上题名"西方认识论的危机和新世界的建构"，他欣然同意。

他揭示了《数字公民》的三重目的：证明西方关于"现实"、万物状态的设想何其错误；用新感知和新概念武装读者；重新思考西方文化的社会政治制度。

我们再看德克霍夫序的要论撷英：

"本书提倡尊重地球生命和万物存在的责任意识；《数字公民》称这样的万物为'公民'。这样的责任可以是让人享受的责任，而不是要人受苦的责任。"

"本书说明数字技术如何将连通性（connectivity）和智能引进世界上有生命和无生命的存在物，由此开辟了通往量子解释的道路。"

"盖亚治下的地球存在目的论活动——这样的暗示可能有一点夸张，但《数字公民》呈现的社会抗争运动似乎又真具有这样一丝色彩。"

"《数字公民》第二个重大的创意是，'环境'的观念不能只是人类主导的栖居者的保留地，环境还应该包括森林、深海、其他的星球和空间——环境还要表现另一类生态的形式。"

"《数字公民》批评西方的政治模式，把民主参与拓展到计算机化的生态。新型的生态让万物、生物多样性、数据和设备'发声'，生成了一个栖居地和跨有机的生态形式，让'非人'的实体各安其位。"

"费利斯推出了一个新的政治层次。寰宇政治考虑并尊重人和非人的一切特征，使人以总体可持续和连续的方式参与政治。"

第一篇"导读"就是我本人的译者序，其题名为"泛公民身份的张扬与后人类社会的宣言"。这是我对本书两大主题的提炼。

所谓"泛公民身份"，这个"泛"字是我的画龙点睛之笔，意在凸显作者极其宽泛的主张：批判"人本主义"的偏狭，超越"人的世界"和"生物圈"的范畴，把"公民"的身份和权利延伸到一切非人的实体、跨有机体和无机体。

所谓"后人类社会的宣言"也是我的用词，意在凸显该书的未来色彩和启蒙价值。

四、齐物论、和合思想、众生平等与数字公民身份

庄子思想的万物齐一和天人合一、儒家和合思想的人与天地参、佛家思想的众生平等与数字公民思想的人与非人实体似乎有相通之处。

万物齐一的思想包含人与非人，和合思想包含天地人，佛家的众生平等包含有情众生和无情众生。这些东方思想都含有现代生态思想的胚芽。与之相对，两千多年来，西方的人本主义和政治思想都强调以人为中心，导致人与自然、人与世界、主体与客体的分离、疏离和对立。这对科学思想的发展固然有利，对启蒙运动、工业革命和近现代科学技术固然有催生作用，却同时导致了西方认识

论、民主理念和生态的危机，社会的扰攘纷争亦由此而生。

《数字公民》把万物与人类相提并论，共同以礼相待。费利斯笔下的数字公民思想包含无机世界，出现了无机物、无机体、无生命、无机环境、无机的性感、与无机体共情的思想与措辞。该书充斥着大量"非人"的语词和术语：非人者、非人实体、非人的行为体、非人的社会行为体、非人存在物、非人的智能、非人智能形式、非人的组合、非人物质……乍一看，这些词语充满拉丁美洲的魔幻思想和未来的梦幻色彩，实际上却是当代的信息论、控制论、量子论、生态学长期酝酿的结果，和东方天人合一、众生平等的思想相通，二者能够对话、共情、共鸣。

五、认识论危机和民主危机的化解

数字公民身份可以被视为人的权利和参与式议会民主形式的延伸，因而是我们所知、欧洲所理解的那种民主的增强、放大和更完整的版本；还可以被解读为一种互联、交互的新共同体的创生。这是一种超乎人类的新形态的生态和社会，其意义寓于森林、湖泊、植物、算法、软件、大数据、病毒的交互式并存，寓于无数互联的实体中。

数字公民身份一语也可以被理解为一种矛盾修辞法，可以被视为一个深刻转型的机会；不仅是关系的转型，而且是社会观念和人的观念的转型。

数字公民身份的基础是跨有机的、无中介的交互关系。在信息－物质网络生态的架构里，森林、河流、气候、北极熊通过传感器和数据得到"发声"的机会，超越了人类代言者的中介功能。

数字公民身份提倡用信息个体取代亚里士多德提出的政治主体。

数字公民并不是现代政治主体和社会行为人增强的影子，社会行为人的活动由当下的法律管理和制约。

马西莫说：西方认识论的设想之一是，人凌驾于世界之上，人有权绝对驾驭自然和技术。这也许是整个西方文明主要的奠基神话，通过人奇特的神话，西方文明将人描绘为自己命运的唯一设计师。自那一刻起，人与自然的分离就成为西方认识论的标记。

他又说，我们可以就西方民主理念危机的原因作以下几点小结：（1）社会形态的转变与人本主义的终结；（2）从历史到超历史（hyperhistory）的转变；（3）超物（hyperobjects）的到来；（4）人类行为自主性和绝对权力是幻觉。

他还说，随着时间的流逝，民主与投票权画等号在大多数情况下都适得其反：公民参与和政治辩论都很贫乏，民主被简化为对一个候选人、一个符号或一面旗帜的选择了。议会道路的危机从人们缺乏对参与政治辩论的兴趣中可以明显看出来，这不是当代才有的问题，而是一个结构性问题。信息架构的变革决定了大众政党的危机，夺走了它们的中介角色并打破了政治辩论组织者的垄断。

作者为西方民主观念危机提供的处方是健全的网络参与形式。这当然不是万能药方，因为网络参与行为既有理性又有非理性，不应该将其理想化。我们希望作者的探索更进一步。我们也相信社会的总体发展会越来越健全。

其实，针对读者的良好愿望和社会趋势，针对西方认识论和民主观念的危机，作者都有大篇幅的论述，译者这篇短序只能由此打住，请读者注意。

何道宽
于深圳大学文化产业研究院
深圳大学传媒与文化发展研究中心
2024 年 5 月 20 日

中文版序：人本主义的终结与西方民主的危机

西方认识论的设想之一是，人凌驾于世界之上，人有权绝对驾驭自然和技术。这也许是整个西方文明主要的奠基神话，西方文明通过人奇特的神话，将人描绘为自己命运的唯一设计师。

这一创始神话是横向的，涉及西方历史的每一部分和面相，既有宗教典籍的维度如犹太－基督教传统，又有哲学和政治的维度，其中哲学维度中可找到自己的古希腊根基。

《圣经》第一卷《创世记》云："'我们要照着我们的形像、按着我们的样式造人，使他们管理海里的鱼、空中的鸟、地上的牲畜，和全地，并地上所爬的一切昆虫。'上帝就照着自己的形像造人，乃是照着他的形像造男造女。上帝就赐福给他们，又对他们说：'要生养众多，遍满地面，治理这地。也要管理海里的鱼、空中的鸟，和地上各样行动的活物。'"（《创世记》1：26–28）

赞美人驾驭和统治世界的神话又见于西方思想的源头里。公元前六世纪至公元前五世纪的希腊城邦里，哲学和西方认识论的基础兴起，开创了一种独特的世界观，正如普罗塔哥拉[1]那句名言"人是万物的尺度"所揭示的，人是唯一有知识的动物，有领悟的天赋。城邦的架构和城市的空间生成元宇宙（metaverse），把人从自然和蛮荒里分离出来。

城邦的城墙宛若胎盘保护着每个人，使之不受森林野兽侵害，让人们聚集在广场、剧院、体育馆之类的公共建筑里，将人改造为公民和"政治动物"。与此同时，早期哲学家则专注自然，志在寻找环境现象里的万物之源——泰勒斯认为"水是万物的本源"，阿那克西米尼[2]认为气体是万物之源，阿那克西曼德[3]认为万物的本原是无限定（the infinite）。苏格拉底及其弟子把哲学思想的焦点转向人与世界，为柏拉图的形而上学、巴门尼德[4]的本体论和伯里克利的政治学的传播铺平道路。

自那一刻起，人与自然的分离就成为西方认识论的标记，成为其主要的区别性要素之一。自源头起，西方文化就认为自然是外在于人，有别于人的。不仅如此，西方把"人"及其思想解读为孤立

---

1. 普罗塔哥拉（Protagoras，约公元前490—前420），希腊哲学家、智者学派代表人物，因"不敬神灵"被逐出雅典，其《论神》被焚，著作除少数片段外均已失传。——译者注

2. 阿那克西米尼（Anaximenes，公元前586—前524），米利都学派哲学家，认为气体是万物之源，不同形式的物质是在气体聚散过程产生的，著作均已亡佚。——译者注

3. 阿那克西曼德（Anaximander，公元前610？—前545？），米利都学派哲学家，认为世界由一种叫"无限定"的物质组成，著作已经失传。——译者注

4. 巴门尼德（Parmenides，公元前515？—前450？），希腊哲学家、爱利亚学派创始人、存在哲学代表，认为思想和存在是同一的、不生不灭的、不动的、单一的，著有《论自然》。——译者注

和自生的现实。

　　除了人与自然的分离外，西方认识论源头的另一个区别性特征和奠基神话是人与技术的对立。亚里士多德强势推行的一个概念是认识论里"知识"（episteme）与"技艺"（techne）不可逾越的对立。换言之，知识是专属于人的知识，专注于抽象原理的猜度；技艺是一切动物共有的能力，其基础是达成实际的目的和具体的功效。自此，技艺和应用知识就成为低等的现实，构成欠高尚行为的形式。人与自然和人与技术的本体论区分就成为西方人本主义的基础；到14世纪的意大利这种区分达到巅峰后，人本主义把人类及其栖居的行星置于宇宙的中心。在西方思想里，人仿照上帝的形象，是有思想的生灵；人成为自己命运的唯一设计师，唯独人有理性；人通过理性主宰自然，通过技术能力作用于外部世界。

　　贯穿历史的是，西方文明区分主体和客体，借以确立一个惰性和消极的世界理念，这个世界受制于人，受人类行为管束。阿伦特[1]言简意赅地指出，在西方世界里，人是人自己的产物："政治基于人的多元性。上帝造人，人是人自己世俗的产物，是人性的产物。"（阿伦特《什么是政治？》）

　　当代西方政治观念的母体早已被包含在城邦里。民主、教育、思想论辩、舆论都是广场、剧场、体育馆等城市特有架构的产物；民主、教育、思想论辩、舆论是人为的环境，产生世界的虚幻景

---

1. 汉娜·阿伦特（Hannah Arendt，1906—1975），美国政治理论家、文化大家，著有《极权主义的起源》《人的境况》《论革命》《过去与未来之间》《艾希曼在耶路撒冷》《黑暗时代的人们》《心智生活》《反抗平庸之恶》等。——译者注

观，这个世界仅仅由人及其行为构成。

到了近代，随着电力和大众媒介的出现，公共空间的形态和与之相伴的政治行为开始发生质的变化，产生了议会民主制度、现代国家及其公共领域。在这个历史进程中，人乃万物的中心、人独立于自然和技术的奠基神话始终作为一个核心的假设延续至今，仍然支撑着西方政治和行动的意识。

在西方语境下，政治行动与人加诸世界的行为一致。古希腊以降，民主与思想论辩重合，与只容许公民参与公共生活的行为一致。

正是在这个特点中，今天我们可以看到导致西方民主理念及其公民身份危机的一个主要原因。个人与制度的距离日益拉大，欧共体的投票率下降，政党的代表性降低——这一双下降现象不仅证明了个人与制度的关联。西方议会民主和政治危机的原因就存在于人本主义赋予它们的意义之中。

新千年之初，新社会行动者（social actor）出现，显示了西方民主理念和世界观念的局限，这些观念就是人本主义产生的。新冠病毒、气候变化（全球变暖）、数字网络（大数据、人工智能、大语言模型）的演化使我们的世界迅速变化，我们共存的方式得以变革，并影响我们的行为。

病毒这个微小而不易察觉的实体造成数以百万计的人死亡。而且，为应对病毒而强制采取的紧急措施和新决策方式还导致议会的退让，民主实践随之被扰乱，社会关系随之发生剧变。病毒不仅是社会和政治行为体，而且是强大的经济和政治行为体，病毒能改变和放缓全世界的经济发展速度。

与之类似，在温室气体排放、森林滥伐和全球变暖方面，气候成了决策过程建设最重要和活跃的动因之一。今天，在政府或企业的层面上，任何领域的管理和审议无不受到气候这个强大的社会行为体的重大影响。

同样，近年物联网、大数据和自动化数据处理的到来使技术的主角身份进一步延伸。今天，技术似乎不仅仅是政府或人类制度完全掌控的现实，而且是"智能"的特殊形式，能自主生成与环境对话的行动。

正如洛夫洛克[1]在其新作《新星世》（*Novacene*）所强调的那样，一旦通过卫星、传感器和大数据连接上，我们就能倾听整个生物圈并与之交互。看上去，生物圈也是一个自主且智能的实体，就像一个有机体，我们是它的构造成分，而我们作用于它的行为的力量是有限的。大尺度的气候事件——近年世界各地出现的洪水、大火、干旱使我们的无力感倍增，使人失去了对自己未来的把控。莫顿[2]把全球变暖和气候变迁界定为"超物"（hyperobjects）——既不是外在的现实，也不是可以圈定的现实。超物的时间性超越几代人的长度，人对超物没有影响力或决定力。他认为，这种时间上的"非对称性"（asymmetry）标志着主体作用于世界思想的危机，主体政治行动绝对权力的幻觉终结了。

---

1. 洛夫洛克（J. Lovelock，1919—2002），英国著名科学家，著有《盖亚的复仇》《消失中的盖亚》《新星世》等。——译者注
2. 蒂莫西·莫顿（Timothy Morton），美国生态哲学家，著有《黑色生态学：未来共存的逻辑》《超物：世界之后的哲学与生态》等。——译者注

病毒、气候变化和人工智能摧毁了城邦的精神围墙。最新几代的技术和数字网络创新把人类与世界、技术与自然连接起来，结束了人类主体孤立和独特的神话。

如果说在西方历史里，议会被视为论辩、思想冲突和发表意见的场所，那么在技术超连通的（hyperconnected）语境下，大流行病、气候变化的决策过程就表现出不同的格式程序，不再是人独有的格式和程序了。

我们可以就西方产生民主理念危机的原因作以下几点小结：

（1）社会形态的转变与人本主义的终结

从城邦到工业现代性，西方文明把社会描绘为同类体（associates）的集合，也就是仅限于公民组成的社团，局限于人的主体。西方的社会理念不包括气候、树木、动物、病毒、软件或算法。城邦的障壁把西方人与自然和技术分隔开来，使人孤悬在元宇宙里，使他生活在唯一智能和行为实体的幻景里。

近年来，大流行病、气候变化、最新几代的连接技术（传感器、物联网、大数据等），以及人工智能各种表现形式的交互合力生成了一种新社会形态，其特征是非人类社会行为体的兴起及其主角地位（protagonism）。

（2）从历史到超历史（hyperhistory）的转变

人工智能和气候变化到来，历史乃人类事迹的孤立接续和文明进步的理念发生了变化，人类的历史理念正在被地球历史（我们行星的历史）的概念取代，正在让位于弗洛里迪所谓的超历史（与数字技术对话中建设的历史）概念。由于这些变化，人类单一物种演化的观念逐渐向米歇尔·毕奇[1]所谓的协同进化（co-evolution）观念转变，也就是向哈拉维[2]所谓的人类、环境和技术"共生"（sympoiesis）的观念转变。一旦被视为领袖、帝王和全体民众世代行动生成的事件，人类文明和历史就是更加广阔历史的一部分了，人类事物的进程依托在这些广阔的历史之上。

（3）超物的到来

气候变化、核辐射和人工智能构成新型的现实，莫顿将这些新型现实界定为超物。它们是现实的集合，既不是外在的，也不是可以划定边界的。至于气候变化在什么地方发生，生成大数据自动处理的各种连接在哪里发生，谁也不能做出独特而精准的定位。这些新型的现实并不呈现为外部的事件；它们的冲击和影响在我们内部产生效应，即生物和精神的效应；同时在宏观和微观上引起变化，即内在和外在的变化。再者，这些现象生成无穷的效应，在许多层次和领域造成冲击，使新型的现实难以管理，因为它们处在国家管辖范围之外，个体的政府是无法掌控的。

---

1. 米歇尔·毕奇（Michel Puech），法国哲学家，参与写作《写给孩子的哲学启蒙书》。——译者注
2. 唐娜·哈拉维（Donna Haraway），美国学者，著有《赛博人宣言》《物种相遇》《灵长类的视觉》《类人猿、赛博格和女人》《与麻烦共存》等。——译者注

（4）人类行为自主性和绝对权力是幻觉，超物的时长与人生命周期的非对称性使人这一幻觉走向终结

近年的大流行病、气候变化和人工智能生成了复杂的生态。在专业的生态里，唯有与技术、数据网络和非人的社会实体和行为体连接，人类的行动才可能成立。在这样的语境下，人类行动在世上的自主性理念走向终结。而且，由于超长的生命周期和千百年的持久影响，超物就生成了莫顿所谓时间上的"非对称性"。这就是说，我们这代人无法管理或改变核辐射和气候变化之类的现象，因为它们的时长和影响是一个极其漫长的生命周期。人不再是历史的唯一缔造者，而且人行动的力量所生成的效应也不能改变如此持久的现象。

（5）技术与非人实体参与决策过程

人工智能、数据化、仿真的到来，治理过程的自动化取代了人的主体、议会和政治论辩的决策权力。正如联合国定期召开的气候大会所示，在超连通和超复杂的语境里，决策过程有一个日益明显的特点：决策是在与气体排放、森林砍伐、新非人行为体、大数据及其生成的各种指标对话的过程中做出的。伊莎贝拉·斯唐热 [1] 所谓寰宇政治（cosmopolitics）、布鲁诺·拉图尔 [2] 所谓"物的议会"

---

1. 伊莎贝拉·斯唐热（Isabelle Stengers，1949— ），比利时化学家、哲学家，著有《深渊边缘建希望》《思考唯物主义：狄德罗的鸡蛋》，又与老师伊利亚·普里高津合著《从混沌到有序》。——译者注

2. 布鲁诺·拉图尔（Bruno Latour，1947—2022），法国哲学家、社会学家、人类学家，著有《科学在行动》《实验室生活》《我们从未现代过》《自然的政治》。——译者注

（parliament of things）都采纳了数字形式，剥夺了人完全掌控和绝对决策的权力。

（6）决策过程意义的修正

如软件研究所示，复杂生态、分布式决策过程、数字平台和区块链的到来使决策的实践为之一变，从意见的辩论转向连通和新型行动的模拟和实验。如数字创业公司的普及形式所示，连通技术在开发实验性、技术性和共享的行动进路，这样的行动不再是在思想论辩和预定战略中兴起的，而是在前进的过程中兴起的。人工智能和软件交互使目的论的行为被超越，取而代之的是连通和分布的动态，而这样的动态是在技术、大数据和整套复杂交互的协同中生成的。

人本主义及其世界理念和公民身份终结了，随之而起的是一场辩论的开启；从新的理论前提出发，线上的其他替代应该是可能的。本书用多种语言在多个国家出版，通过与诸多作者和理论的对话，推出了另一种公民身份的理念，将其延伸到非人的实体，表现的是连通和数字的行为形式。

马西莫·费利斯

2024 年 7 月 12 日于圣保罗

德克霍夫序：西方认识论的
危机和新世界的建构

　　这本书并不论及你的数字身份证或护照，而是要讲你的身份本身，且专讲你的身份。在读它的过程中，你难免要怀疑以前你所相信的界定你身份的一切设想。作为一个合法的、无所不能的自我（ego）的源头，你定然会荡然无存。另一个较好的结果是：你将更宏大，更多样化，在时空中延伸，与更多的你曾视为理所当然的事物相连通。你将用不同的眼光看待周围的树木和你的爱犬，你将听到新的声音，感受到新的压力。

　　但这不是本书的首要目的，这本书首要目的是证明西方关于"现实"、万物状态的设想何其错误。对过去的文化而言，这些设想是合法的甚至是值得赞扬的，但如今面对数字文化时，它们却产生了严重的反作用，因为在过去的四十年里，数字文化已经接管了过去的文化。

　　本书的第二个目的是用新感知和新概念武装你，使你在这个脆弱的世界里更有安全感。与其说在你在这个世界里占有一席之地，不如说让你与万物分享这个世界。

本书的终极目的是重新思考过去文化中的社会政治制度。摆在每个人面前的问题是如何"理解它",并贡献自己的力量,以实现地球新气象更平稳地过渡。本书的"题记"开宗明义、精妙透彻:

> 谨以此书献给所有不甘于梦想一个公正社会、不满足于选举一个更好的政府,而且更愿意为一个崭新世界努力奋斗的人。在这个新世界里,栖居着一个新物种,它不像人类这般悲惨和愚蠢;在这个新世界里,公民不仅仅是人类。这就是包容世间万物的新世界。

2019年初,马西莫·费利斯邀请我这个加拿大人阅读、补足或赞同他撰写的《数字公民身份宣言书》(以下简称《宣言书》)。和我一道签署《宣言书》的是意大利人皮雷杜(Pireddu)和亚卡托(Accoto)、葡萄牙人德米兰达(de Miranda)和墨西哥人马丁内斯(Martinez)。这份《宣言书》是马西莫深入研究并与我们多次会商的结果。所有的签署人都对气候变化和近年忽视它的政治事件,包括专制社会的兴起、英国的脱欧和唐纳德·特朗普的当选感到形势紧迫。此后的事态并未改善,反而更加恶化。此间,我与助手斯特凡诺·卡尔扎蒂[1]开始研究量子物理学,热切希望量子技术最终能解

---

1. 斯特凡诺·卡尔扎蒂(Stefano Calzati),意大利记者、博洛尼亚大学教师、德克霍夫教授的助手。曾在中国香港城市大学从事博士后研究工作,研究重点是中国旅游史和旅游书写,有志于研究数字技术对中国文化的影响。他参与德克霍夫的《文化的肌肤》第二版(中国大百科全书出版社,2020)的对话和批注,学养深厚,视野广阔,其批注切中肯綮。——译者注

数字公民:智能网络时代的治理重构

决全球的认识论危机。我们两人觉得，事态的发展清楚证明：数字变革深刻扰动了两千五百多年来被界定为"西方"的字母表文化。马西莫·费利斯撰写的《数字公民：智能网络时代的治理重构》正是要厘清他的愿景。

我不会浪费时间凸显本书的要论，马西莫的中文版序和附录的《宣言书》已勾勒了本书的精要。相反，我首先想强调，《数字公民》与中国读者尤其相宜，不仅是因为本书的主要假设对古今的中国文化和世界观有更大的适应性，而且是因为这样的亲近性植根于一些由中西文化的书写系统不同而形成的重大的语言差异。

"乱画一气、乱写一通、胡乱拼凑，诶，吉本[1]先生？"[2]

书写系统（writing system）始终是支持文化的主要操作系统。这一点在东、西方的政治史里表现得非常明显。汉字是语素文字（logogram），象形，所以它统一了东亚的口语；虽然在东亚存在巨大的地区差异（比如在日本平假名和韩国的谚文出现之前，日本和韩国被迫使用汉字），汉字还是发展成为一个相当稳固的文字文化圈。相比而言，语音系统决定了西方的民族主义；语音系统表征地方语言，把一个族群统一到一个旗帜下，使之团结在决定

---

1. 爱德华·吉本（Edward Gibbon，1737—1794），英国历史学家，代表作为历史巨著《罗马帝国衰亡史》6卷，记述了从公元2世纪到1453年君士坦丁堡陷落的历史。——译者注
2. 这句话是英国文人马修·阿诺德对吉本的批评。马修·阿诺德（Matthew Arnold，1822—1888），英国诗人、批评家、教育家，著有《多佛滩》《邵莱布与罗斯托》《文化与无政府状态》等。——译者注

言语规则的国家学院周围。罗马帝国之分裂，不是因为它抵抗外敌的力量虚弱（这种情况使人想起当代的阴谋论），而是因为它内部埋了一个炸雷：基督教的拉丁版本和希腊（正统）版本大分裂，以及地方寡头支持的地方习语的兴起。有趣的是，当时盛极一时的"通史"（universal history）根本就不论及书写（writing）。博须埃[1]1681 年的《世界史叙说》（*Discours*）、孟德斯鸠 1734 年的《罗马盛衰原因论》（*Considerations*）和伏尔泰 1776 年的《风俗论》（*Essay on Universal History*）都不曾论及文字书写的作用，无一例外。在确立文化差异的重要源头时，这成了一个很大的缺失链环。直到两千多年后的多伦多传播学派，这个缺口才被补上。伊尼斯、哈弗洛克[2]、卡彭特[3]首先登场，麦克卢汉重申这个缺失的链环。

　　直到今天，书写系统仍然在起作用，而且其作用远远不止于政治影响。虽然还有其他许多历史和语境的变异，但书写系统仍然在起作用。《数字公民》的主要论点之一是：西方最大的错误之一是固守现实的分割，把现实分割为"客体"和"主体"；西方人视为理所当然的是，他们脑之所想是私有财产，他们相信自己拥有对思想

---

1. 博须埃（Jacques-Bénigne Bossuet，1627—1704），法国主教、神学家、演说家，著有《哲学入门》《世界史叙说》等。——译者注

2. 埃里克·哈弗洛克（Eric Alfred Havelock，1903—1988），美国古典学家、媒介环境学家，先后在加拿大和美国几所最负盛名的大学执教，是媒介环境学派第一代代表人物、多伦多学派和纽约学派的桥梁，著有《柏拉图导论》《缪斯学会写字》《希腊的拼音文字革命及其文化影响》《希腊政治的自由秉性》《西方书面文化的源头》等。——译者注

3. 埃德蒙·泰德·卡彭特（Edmund Ted Carpenter，1922—2011），加拿大人类学家，麦克卢汉思想圈子的核心成员，媒介环境学派第一代代表人物。20 世纪 50 年代与麦克卢汉共同主持跨学科研究小组，主办《探索》杂志。——译者注

观点的权利，相信应该坚守自己的意见——尽管他们对事情的真相可能会一无所知。针对"知者与认知对象分离"（separation between the knower and the known）这个问题，埃里克·哈弗洛克的《柏拉图导论》（*Preface to Plato*）给它画上了休止符。我为这套书[1]撰写的中文版序中都论及哈弗洛克这个观点——这也是我的观点。西方人支持主客分离这个假设的相关证据是古希腊人那种拉开距离的方略：他们让读者和观者分离，读者不同于观者，看世界、戏剧、历史、科学、理性、几何、医学、天文学等的观者和看书的读者是不一样的。阅读本书，你会发现拼音文字的距离效应同样无处不在。但我们要问，这一现象是为何发生、又是如何发生的呢？

解释这个问题有两条路径：一是朴素常识的路径；二是更深入研究的路径。常识早就让我们警觉到：任何书写都是语言的再现（representation），而不是语言本身。单单这一事实就在读者的无意识中确定了，书写的词语不同于口语词，书面词是外在的。书面文化（literacy）偏重分类、标签和类别；通过类推泛化的因子，这一基本的外在性延伸至书写所言及的一切，造成"现实"客观描绘和主观描绘的分裂。这一分裂后果很多，主要的有：促成个人主义，抗拒君主制等专制政体，最终在西方界定了一种新的政治协议——代议制民主。《数字公民》对代议制民主的评论和批评比比皆是。

问题来了：为什么同样作为外在符号，汉语的书写却未产生

西方书写那样的效应，产生"知者与认知对象"疏离和分离的效果呢？这是因为汉字不表音，而是表意，而意义把"知者与认知对象"捆绑在一起。为了正确解释文本，中文读者不得不身体力行地"投入其中"，也就是不得不深入方块字的字里行间，才能弄懂文本的意思。他获得的意思不仅是语言组成的意思，而且是学习和经验所获得的思想的混合体。这不是再现或表征的问题，而是参与的问题。这就是为什么说费利斯的《数字公民》这本书既和西方文化相关，又与中国文化相关的另一个深层的原因，只不过道理不同而已。

另一种解释语音书写（phonological writing）主导地位的方法更为学术化，名为"双重发音"（double articulation），说的是一个完全的语音字母表。这种字母表包含基于两个不同层次的元音和辅音字母表。第一个基础层次是字母和发音的对应，叫语音层次（phonological level）。读者认识字母之后的第二个层次叫形态层次（morphological level），因为字母序列生成了形态，提供意义。第三个层次叫语义层次（semantic level），一切类型的文字都拥有这个层次，所以我们不必赘述，只需指出：在完全的语音文字（phonological scripts）里，认知过程涉及这三个层次的全部序列分析；表征和意义的分离、文本和读者的分离就发生在这样的认知过程里。

表征和意义、文本和读者的分离在汉语里不会发生，因为形象的阅读开始于形态的层次，任何会意符号的构造成分都含有意义，都要求读者做出解读，若不能进行这样的解读，那他根本就不能阅读。符号和意义不会自动同时出现，二者同时出现需要依靠读者已有的知识。阅读汉语文本时，意义的生成更多的是依靠符号的内涵，而不是其外延，这是指引阅读中文诗的一条原则。

另一种类似的情况也会发生，但力度稍弱。阅读辅音型字母（consonantal alphabet）文字，如希伯来文字或阿拉伯文字时就会出现这样的情况。阅读这样的文本时，读者根据文本的语境插入文本未提供的元音。此种情况下，虽然书写是语音型的，但语言的表征不足，读者也必须进行干预去补充信息，语言的形态层次方能达成。读者的干预防止文本以"独立"表征的姿态行事。我的意思是，如果你不了解希伯来语或阿拉伯语，你根本就读不出它们的文本。相反，即使你不了解波兰语、希腊语或俄语，只要你熟悉它们的字母表，你就能朗读这些语言的文本。你可能会问，"这有什么大不了的？"事情是这样的：如果小时候学习阅读时，你解读文本时不得不把语境置于优先地位，那么很可能，语境先于文本就成为你以后决策时标准的回应方式——在一切生活情境和行为里都是如此，自始至终，无一例外。也许就汉语而言，这样的习惯生成了"东方智慧"这一朦胧却广为流传的概念。对比而言，文本胜过语境的优势可能迫使西方人形成这样的决策习惯：做出决策后可能后悔。这是因为他们学习阅读时，绝不需要介入语境；长大成为较大社会群体的一员，并需要决策时，他们不太需要认真考虑后果。如果产生的后果仅限于局部范围，这样的态度是可以容忍的；但如今的情况再也不能容忍这样的态度，它正是全球气候变暖的主要原因。如果科学研究能够表明，自闭症产生的原因是对环境的漠视（ignorance of context）[1]，那么西方的书写系统就迫使它患上了泛化的自闭症，而互联网使这样的病症有增无减。

自闭且任性漠视环境的态度正在驱赶着西方的产业、经济和政治有坠入深渊之虞。但过去的情况并非一直如此，也许这正是《数字公民》严词抨击客观性（objectivity）、想要委婉表达的意思。两千五百年以来，西方书写文化的疏离和分析效应曾推动西方在知识、科学、艺术和社会组织领域取得空前进展。事实上，其高效性在一定程度上导致大多数西方人难以对其进行重新思考。然而大多数人没有意识到的是，数字变革正在与西方那样的书写文化较量，使西方民主危殆，西方文化有遭遇数据统治（datacracy）的危险。

解决问题的方法不是抛弃民主，不是像美国铁杆共和党人正在谋划的那样做，而是要减少对代议制民主的依靠，要让更多的选民参与民主。正如《数字公民》建议的那样，政治和政策必须在决策方程式里纳入批判的和行动者的因子。这正是数字网络可以取得的成就，它们可以召唤更多的数据，让人和非人的参与者进入虚拟的工作平台。不过，这一建议有可能沦为集体想当然的另一种变异而已，除非人们养成了一种新型的责任意识——不是建立在基督教提倡的罪感之上的责任意识，而是尊重地球生命和万物存在的责任意识；《数字公民》称这样的万物为"公民"。这样的责任是让人享受的责任，而不是要人受苦的责任。我们需要心态的改变。

这正是《数字公民》的要旨。作者想要重启读者的感知经验，

---

1. 见伊娃·伯格（Eva Berger）的新书《语境失明》（*Context Blindness*）。——德克霍夫原注

提出了一个表述清晰的愿景（articulated vision）。我和斯特凡诺·卡尔扎蒂合著的《量子生态学》（*The Quantum Ecology*）绝对支持马西莫·费利斯提出的愿景。费利斯则提供另一个维度，说明数字技术如何将连通性（connectivity）和智能引入世界上有生命和无生命的存在物，并由此开辟了通往量子解释的道路。这条道路如何运作呢？

（1）数字化

数字化把所有的物质元素放进生存的方程式，把万物变成数据。数字化变革把物质转化为信息，让有生命和无生命的实体分享同样的生态，不仅改变了人类事务和人类本身，而且改变了整个地球，让万物互联。但由于数字媒介处理能力不足，它们并不能以有效而全面的方式收集无限量的数据。数字时代可能并不是终点，它仅仅是一个过渡阶段而已，这不是偶然而是必须利用量子技术的一步。

量子物理学的主要特征是：

量子是最小的能量单位（其他如光子或电子）。

以波粒二象性呈现于万物。

量子叠加或纠缠（superposed or entangled）（呈现为无定所分布态）。

量子行为受海森堡不确定性原理约束，同时又被解读为万物性质中基本的不确定性（indeterminacy）。也就是说，波和粒子可以维持在叠加态中，即所谓相干性（coherence），直到它们因与外部环境（如其他能量源）相互作用或通过测量而失去相干性，即发生"退相干"（decoherence）。

测量是一种决定性的观测或干预行为，它会改变量子的波函数，并使原本处于叠加态的不确定对象坍缩为确定的粒子状态。

以上特征全都难以理解或难以验证，除非通过极其复杂的数学语言（我们大多数人并不掌握数学语言），但迄今的实践充分证明，在解释宇宙的本质方面，量子物理学（Qph）远胜经典物理学（Cph）。但量子物理学和经典物理学之间没有直接的连续性，这一点已经被证实。因此，大多数像读者这样的非专业学者所能接受的唯一方式就是用所谓的"准量子"或"类量子"（Quantum-like/QL）的表述——大多数量子物理学家也容忍这样去解释量子，并且将其效应变换为真实的情形。

（2）不确定性

不确定性原理也许是解释量子物理学各方面的关键，大概也是解释那些人类视现实、生命或存在的一切处于常衡不断的不确定性之流这一现象为理所当然的关键。很可能，量子物理学是人类自由、信赖、希望、信仰、欲望、研究等经验的主要状况，也就是任何事物、任何向量达成终局结果之前的平衡状态，达到这个结果时，平衡态的事物转化为粒子。相比而言，经典物理学建立在坚定的信念，一致而确定的现象、分类和规律之上；经典物理学描绘物理学的粒子确定性的一面，量子物理学则描绘波形波动性的一面。

再说不确定性。2024 年是全球选举年，充满不确定性。前所未有的是，人类在迫不及待，急于知道谁能胜出，在哪里胜出，如何胜出。在每个有竞选活动的国家，左右两翼更加极端化、更加敌对，造成胶着和重叠的局面，结果唯有等到选举计票时才能见分晓。在不够民主的国家，选举本身就麻烦不断、很不安全。在选举过程中，不确定性扩散，横扫全社会，生成不确定的情景，结果是革命性的乾坤颠倒，或者是现状的延续。真假和好坏的信息疯传，海量的信息来自数据领域的分布式源头，传统的计算机都不能给信息精准定位。仿佛这一切还不足为惧，我们都看着两场邪恶的战争发愣，看不见终结之时和解决的尽头，随时可能引发核战争的爆发。世界陷入神经崩溃的痛苦中，前所未有的脆弱，遑论气候变化的痛苦。

（3）纠缠

纠缠是一种量子性质。有些粒子一出现就分裂为两个粒子，它们彼此相关，但粒子之间的距离不确定。这令人震惊的特性令爱因斯坦感到不安，因为它似乎违背了狭义相对论中光速极限的原则。但量子物理学界似乎赞同这样的可能性：分裂粒子的彼此相关性并不依赖于一个由此及彼的传播过程，而是体现一种"非局域性"（non-locality）的特性。2022年诺贝尔物理学奖证实了这样的观察。约翰·克劳瑟（John Clauser）、阿兰·阿斯佩克（Alain Aspect）和安东·塞林格（Anton Zeilinger）三位获奖人证明，"量子非局域性"（quantum nonlocality）是可能的。换言之，彼此连接的粒子没有必要交流，"孪生"的粒子自旋时，粒子就转换了。名望很高的科普作家菲利普·鲍尔（Philip Ball）欢呼于这一新闻，发出更有力的断言："即使相隔十万八千里，彼此纠缠的一对粒子也必须被视为一个单一的、'非局部性'的物体。"（《科学美国人》2022年10月25日）。这句话可以被用作马西莫·费利斯的《数字公民》的一个新的基础。

在鲍尔这一直接的表述中，我们找到了疏离和分离的答案和相关性。也许，物质和人类并不是完全不同的两个类别，不是分离而不搭界，而是亲密相交的。《数字公民》的主要洞见在每页反复重现，只是方式略为不同而已，它将人与物相联的关系延伸到非人的、技术的、虚拟的和普遍的关系。两位风格迥异的量子物理学家——凯伦·巴拉德（Karen Barad）和卡洛·罗韦利（Carlo Rovelli）的表述字斟句酌、略有不同，却也表明：万物并非由不同的类别和边界构成，而是由关系构成。用巴拉德新造的术语说，那就是内在行为关系（intra-actions）。

巧合也好，先知先觉也好，马西莫·费利斯在圣保罗大学创建的研究中心被命名为"Atopos"，这个希腊词意为"非局部性"（non-local）。他对这个词的界说令人惊叹，它正在迫不及待地欢迎和吸收量子物理学：

非局部性不是"非场所"（non-place）。非局部性不是一种新型的空间，也不是模拟的领地，也不能完全界定为一种克服了物理和地理空间形式的后领地性（post-territoriality）。非局部性最好被界定为替代这些概念的概念，它是一种数字－物质的和跨有机的信息形式，其构造成分是数字信息技术和信息生态系统。地理和地域信息技术、生物多样化的网络和生命网络使这些构造成分非常精细，传感器、空间的物理和物质部分将其连接，信息电路和数字网络使之交叉。如此，非局部性生存就构形为瞬态和流动的杂交——人体、技术、生物多样性、自然景观、数据、信息流、连接设备的杂交。非局部性生存就像是一种新型生态系统的萌生状态，它既不是有机的也不是无机的，既不是静止不动的也不是不可限制的。它是信息的，同时又是物质的。

很可能，跨有机的信息形式（transorganic informational form）由纠缠的量子构成；量子构成万物，而且连接万物，使之成为一个共鸣的同一体，我们都是这个同一体的组成部分。就像《数字公民》一样，这个假设提出一个剧变的视角，但它加上了量子物理学的基本原理来支持自己的理念。

在量子物理学的加持下，《数字公民》扫除障碍，让读者读懂地球这个统一场里错综纠缠的状况。读完全书，读者会豁然开朗，但也会感到一丝痛苦惆怅。鉴于气候变化加剧带来的灾难，认为自己拥有世界、有权管理世界，而世界只能唯命是从、甘当小跟班——那是典型的"西方"态度，是完全不足取的。世界不会唯命是从，其证据正是气候变化和过度开发带来的恶果，病毒灭掉大批人口也是证据。在地球连通的智能里似乎有一种默契：根除烦恼，直到它不再损害我们这颗行星。

盖亚治下的地球存在目的论活动——这样的暗示可能有一点夸张，但《数字公民》呈现的社会抗争运动似乎又真具有这样一丝色彩，只要分享第十六章"无党派身份的参与"和第十七章"未经识别的政治客体"所历数的特征就可以看到，这样的运动几乎就是自发而为的，其主要表现是没有明显的领导层，它们也不争夺权力。社会抗争运动发生了，它们得到人的网络和数字网络的支持，不是通过西方政治的代议制偏向的支持，而是受到各种连通的计算机化和网络化的支持——个人、交互设备、信息流、数据库和计算机化的地域为这样的运动提供支持。

《数字公民》第二大创意是，提出"环境"的观念不能只是人类主导的栖居者的保留地，环境还应该包括森林、深海、其他的星球和空间——环境还要表现另一类生态的形式。所有的生灵构成一个环境，都拥有被关注权和生存权。有趣的是，费利斯把公民身份赋予技术、数字连通和非人实体，但他并不将这样的尊严局限于地球上的生灵，他还望向太阳系和更远的宇宙空间。

《数字公民》批评西方的政治模式，把民主参与拓展到计算机化的生态。新型的生态让万物、生物多样性、数据和设备"发声"，形成了一个栖居地和跨有机的生态形式，让"非人"的实体各安其位。借用伊莎贝拉·斯唐热的寰宇政治概念，费利斯推出了一个新的政治层次。寰宇政治考虑并尊重人和非人的一切特征，使人以总体可持续和连续的方式参与政治。感谢斯特凡诺·卡尔扎蒂审阅我这篇序言，以检查我对量子物理学的解释是否妥当。他指出继续以拟人方式研究政治的风险，他写道：

> 数字化已经（或意在）将整个物理世界放在同一个页面上，但同时又暗含着有机的转化，因此我们必须要确保，我们不再是人类中心的，否则我们就会重蹈覆辙。所以如何让数字变革去拟人化（de-anthropomorphize），并确保数字公民的确是跨生态的公民呢？这是一个非常重要的问题，因为99.99%的专家学者都在钻牛角尖，想要使数字变革更人性化。他们不明

白——正如你落笔时就指出的那样——数字化是我们迈向量子范式生态的机会。当然数字化对人类产生了影响，但有一点除外——我们不再认为自己是世界的主人。

我想用一条量子物理学原理来结束这篇序言。我将其称为布鲁诺[1]假设。布鲁诺说："不是物质生成意识，而是意识生成物质。"研究量子之前，我内心深处就有一种朦胧的直觉，布鲁诺是历史上第一位量子哲学家。今天，只需在他这句话里替换两个词我们就足以理解连通（connection）了：不是粒子生成波，而是波生成粒子。这句话的意思是物质是由粒子组成的，但其余的一切都是波的组成部分。这样的理念是量子物理学描绘创生原理的接触点，称其为物质或创生都可以。因此，一切流动和不确定的现象，如思想、阅读、搜寻、计划——在化为物质之前的一切过程，它们都不是粒子，而是处在波形的状态。

《数字公民》一书已然是物质，它们由固化和出版的语词组成，它将在读者和公众的脑海中掀起波澜，有助于读者去重新焕发自己的想象力。

德里克·德克霍夫

2024 年 7 月 31 日于罗马

---

1. 乔尔丹诺·布鲁诺（Giordano Bruno，1548—1600），文艺复兴时期意大利思想家、自然科学家、哲学家和文学家。著有《天体运行论》，捍卫并发展了哥白尼的日心说。1600 年 2 月 17 日，被天主教会的宗教裁判所烧死。——译者注

沟通造就家庭与城邦。

———托马斯·阿奎那

绪　论

当代生活正经历着深刻变革，近年来的大流行病改变了我们的视野和栖居环境。我们开始生活在一个被病毒感染的世界。在这个世界里，我们不是要为自己的命运和历史担责的唯一物种。在这一大流行病背景下，我们学会了约束自己的行为和抗争。作为一个物种，我们发现了自己的脆弱性，并测试了自己行为的局限性和递归性。我们开始质疑自己在这个星球上的绝对权力，也开始怀疑我们被吹嘘为这个世界里优越物种的叙事：毕竟除了我们，这个世界里并非毫无智慧可言，动物、植物、矿物和低等实体栖居其间。我们曾以为我们是活跃在这个世界舞台上唯一的行为主体。我们这个主体威力无比强大，强加自己的意志，以完全的自由改变周围的风景。这场大流行病将我们从大梦中唤醒，并带来一个超级复杂、万物互联的梦幻景观：我们这个物种何其幸运，原来我们与栖居这个生物圈的其他生命息息相关。

除了大流行病这一背景，我们这个时代还受到两场大变革的影响。一方面，数字交互网络（digital networks of interaction）、神经网络（neural networks）和连接式自动化智能形式（automatized forms of intelligence）方兴未艾；另一方面，气候变化和严重的生态危机日益凸显。这两场大变革与其说是受到我们发展模式的影响，不如说是由人类中心主义的观念触发的。在西方历史进程中，人类中心主义认为，人是与周围世界隔绝和分离的实体。

从经济到政治，从社会关系到集体想象，一切社会领域或部门无一不受到这两场典型的变革的影响，也无一不在经历由其引起的质变过程。

由数据网络和不同智能类型（types of intelligence）组成的连接式技术和交互式数字架构（digital architectures）的出现，永久改变了我们的栖息环境。数字平台以及人、软件、算法、数据、交互界面和互联事物的交互关系的广泛传播，催生了一种新的生态类型。这种生态不再以主体为中心，而是呈网状结构且有交互作用。

生态危机、全球变暖、气候变化和近些年的大流行病促使建立在假定优越性和独立性、与生物圈其他要素彼此疏离的人类自我决定论（self-determinist）神话进一步衰落。

盖亚假说[1]永远改变了我们对环境的认知。我们不再栖居在一个星球、一个"地球式的"行星上，我们是一个生命有机体的组成

1. 盖亚假说（Gaia hypothesis），又称盖亚理论或盖亚原理，认为生物体与地球上的无机环境相互作用，形成一个协同和自我调节的复杂系统，有助于维持和延续地球上的生命条件。由英国科学家家詹姆斯·洛夫洛克提出。——译者注

部分，这个生命有机体又由数以百万计的有机体组成。这个生命有机体穿透了 40 千米到 60 千米，从地下直达大气层。正如物理学家洛夫洛克所言，我们是一个生命网络的一部分，我们依赖它，并始终与之相连。在这个环境里，我们的每一个动作都会通过精准的递归逻辑产生反应，进而改变我们自身的平衡（在这方面，可以看到热带雨林的滥伐和沙漠化之间的密切关系，看到二氧化碳排放、全球变暖和温室效应之间的关系）。而且，我们的行为架构本身也被改变，开始呈现出网络特有的复杂且相互关联的形式。

如此一来，在盖亚的观念内，正如在交互关系、区块链的数字平台里一样，也正如在最新一代数据网络里一样，行为变成行动，行为不再是行为主体的自主产物，而是呈现出一种由复杂关系、输入与反馈所生成的形式，这是由若干包括人和非人在内的相互连接的行为体共同生成的。

除这两大变革（一种将我们视为一个生命有机体的组成部分新的生态滥觞；一种将我们与数据、设备和智能信息网络相联的交互式数字架构的传播，我们所有的行为都依托这些网络）之外，如果再加上疫情及其对我们生活各方面的影响，我们还能看到其他一些严重的后果。首先，我们清楚地看到，西方被理解为独立和自由主体的人的理念是一个神话，是不圆满的叙述。从当下及疫情的背景看，人脱离环境并与技术维持独立自主的关系——这样的西方观念不仅是不可持续的，甚至是危险的，因为这一哲学假设正是当前生态危机以及所谓人类世（anthropocene）的新地质时代开启的主要原因之一。

第二个后果和我们对社会观念的认识不足有关系。我们置身于各种电路和数字网络以及盖亚所定义的新生态之中。于是我们发现，我们不再有一个充足的理念或妥善的词汇来描绘我们与事物关系的复杂性。这些关系一旦数字化，其影响范围便可轻易超越物理空间的局限，将波及气候、南北极冰川，引起大洋、大气降水和水循环的巨变。如今，我们的行为是环环相扣的。我们所谓的"公地"和生态远远超越了城邦、公共领域和国家政治空间的界限。

我们的社会科学诞生于实证主义盛行的年代，建立在西方思想中的拟人化假设，构建出仅仅局限于人类的社会和社群概念。这样的思想误导了我们。实际上，我们每时每刻都在与设备、传感器、数据、软件互动，依靠它们完成任何类型的行动；我们通过网络和算法维持这样的交互关系，通过数据网络架构来管理个人声誉，在数据库和平台上寻找工作和情感寄托。然而，我们继续以陈旧的方式设想和描绘我们的社群和社会，仿佛它们仅仅是由人类"成员"构成，仅仅是由公民的政治行为决定的。

这样的社会思想与西方哲学创造的神话和人的叙述一致，它建立在人与自然和技术对立的分离主义本体论（separatist ontology）之上。这样的社会思想形成了一种以政治主导的社群观念，即由人类造成经济、社会、文化冲突的结果来描述社会的一种观念。

这种社会观念贫乏且失之过简：社会由个体组成，个体又组成阶级和机构，人身处城市空间、国家和民族之中。因此，个体的人与非人（non-human）世界是分离的，而后者就被简化为"物""广延之物"和原材料了。

从上述当代颇有意义的两大变革可以推导出第三个后果：它和西方政治想象、代议制和议会制民主观念的危机有关。

这一后果是由把人界定为政治动物的亚里士多德本体论（Aristotelian ontology）观念引起的，也是由对社会生活、城邦和议会诞生的拟人化（anthropomorphic）观念引起的，亦是由把决策权力只赋予人的主体的公民身份的观念引起的。

千百年过去了，我们登上了火星、探索了宇宙和亚原子粒子；通过与数据处理器的对话，我们能改变生命的信息序列；我们在科学、经济和技术领域各个层面的认知不可避免地历经了千百次的变化。然而，在民主和参与的理念方面，我们仍然停留在公元前五世纪伯里克利时期的雅典，未越雷池一步。

在西方世界，参与和民主的概念仍与投票和举手表态紧密相联，也就是说，与那种广场公共集会的舆论意见，或与一个国家主体民众意见相关。

因此，不足为奇的是，当前影响西方世界所有国家的政治参与仪式和实践正陷入疲态。

上述危机表现出一种实质性的意义，不仅和偶发现象有关，而且是一种特定政治文化终结的完整表现。这种政治文化除了把参与限定于人类公民，而且历史上一直把公民的贡献限定在投票的范围里。

毫无疑问，在民主发轫的岁月里，以及此后千百年的时间里，民主是一项宝贵的成就。然而奇怪的是，随着时间的流逝，民主与投票权画等号在大多数情况下都适得其反：公民参与和政治辩论匮乏，民主沦为对一个候选人、一个符号或一面旗帜的选择了。

随着时间的推移，公民参与被简化为一种以投票为核心的互动模式。民众被挡在决策过程之外，投票人变成使用者，被动参与的文化扩散开来了。

诺伯特·博比奥[1]把这样的投票人称为"不知情"（inconsapevoli）的公民，即"不自觉人"。他指的是很大一部分个体虽然参与投票，形式上参与了民主生活，但实际上不熟悉公共辩论的意义、价值和基础。个人投票因而沦为一种习惯性行为，类似于"无神话的仪式"（mythless ritual），促成了几乎就是强制的消极的共识（passive consensus），催生了"疲弱的"参与，激发了某种指令性行为。

如今，西方代议制民主（representative democracy）危机的缘由和主要影响明显可见于一种现象：放弃民主权利的情况在很多国家有增无减。也许，代表观念和代议制原理的不可靠就寓于其中了。

事实上，我们有可能找出正在发生的大变革、连接式数字架构、大流行病和气候变化与西方政治形式的危机之间的直接关系。这种关系必须到我们生态系统的变化中去寻找，这些生态系统如今彼此联系，虽然是网状的，却承载着新型的行为体，这使得社会参与不足的、偏执的议会政治形式就难堪重任了。

在数字交互平台的语境下，公民能讨论和提议法律；区块链的

---

1. 诺伯特·博比奥（Norberto Bobbio，1909—2004），意大利著名法律学家和政治哲学家，著有《霍布斯与自然法传统》《政治与文化》《民主与未来》《民主与独裁》《权利的时代》等，译作有霍布斯的《论公民》。——译者注

平台能创建和验证并不是由银行或中央政府发行的货币。在这样的背景下，把参与和民主与每四年一次的投票和选举一位候选人等同起来还有意义吗？

大地女神盖亚治下的大流行病和网状生态使我们与病毒和构成生物圈的其他实体联系起来，使我们成为一个生命和相互作用的有机体的组成部分。在算法的语境下，所有的决定都是在我们与数据和机器人的对话中形成的，越来越多的智能系统在管理和筛选数以百万计的信息（准确地细化和分析无穷的变量）。在这样的情况下，我们还有绝对把握说，代议制和议会民主（二千五百年前始于希腊城邦，基于代表的选举及其特别的决策能力）事实上仍是管理和维护公共利益的最有效的办法吗？

代议制民主是欧洲的发明。今天，旧大陆和欧洲议会已经陷入严重的危机。危机的源头不仅是经济政治的失序，而且来自以人为中心的哲学认识论架构。人的观念、技术观念和自然观念被视为外在的现实；千百年来，这些观念传遍世界，但它们再也不足以理解我们栖居的地球。5G 技术、量子计算机、增强现实、全球变暖、气候变化、大流行病一笔勾销了那种首先是上帝居于中心，然后是人及其理性为中心的世界观。欧洲的世界观念终结了，也许这是好消息，因为若要新观念诞生，旧观念必须让路、死亡。

数字公民身份可以被视为人的权利和参与式议会民主形式的扩展，因而是我们所知、欧洲所理解的那种民主的增强、放大和更完整的版本。它还可以被解读为一种互联、交互的新共同体的创生。这是一种超越人类的新形态的生态和社会，其意义寓于森林、湖泊、植物、算法、软件、大数据、病毒的交互式并存，寓于无数互联的实体中。

本书选择了第二种观念，即超越人类的新生态和新社会的观念。我们相信，未来的参与和治理形式已然到来，它们和我们已知的形式不同，和我们继承的西方政治传统的形式也不同。在这个意义上，数字公民身份一语也可以被理解为一种矛盾修辞法，可以被视为一个深刻转型的机会。不仅是关系的转型，而且是社会观念和人的观念的转型。

如果西方的民主理念已经过时，再去捍卫它就毫无意义了。你必须要以开放姿态接纳新东西，接纳我们不熟悉的东西，接纳呈现在我们面前未知的和矛盾的东西。

我们需要寻找一种新的语言，它能命名和描绘我们连通的时代，能建构一套新词汇去描绘人类栖居的超级复杂世界（hypercomplex world），栖居在这个世界里的还有病毒、森林、水、各种各样的生物、算法、软件和数据，以及其他形式的智能体。

第一章　世界的变形

OneWeb 公司预计将在未来几年内发射 650 颗低轨道地球卫星，其信号不仅能连接地球最偏远地区的人们，还能抵达地球的每一个角落，包括森林、山脉和海洋等区域。

在《神学大全》（*Summa Theologica*）里，针对第 91 个问题"论世界与复活者在公开审判后的情况"，托马斯·阿奎那拷问末日审判之后造化的状况，拷问自然、植物、动物和宇宙未来变化品质："未来世界的开端"。翻译成当代的大白话，这个问题指向世界的历史，也指向历史架构变化的特性。

从现在看，有关我们地球自身性质发生改变的观点已是不争的事实，它也是科学在历史进程中所积累的一系列知识的逻辑结果。根据这些知识，当代人感兴趣的变化未必只关乎我们所感知到的世界变化的结果，而且还关乎时间，与地球自身结构相关的历史和物理层面的转变有关。

显然，我们知道自己对世界的观念已经发生改变。如我们今天所见的环境（源自拉丁语的 *ambire*）由动物、植物和其他生物和矿物的实体构成，已经转化为不同的东西。今天，病毒、气候、空气和水的质量在我们的观念中，已不再是外界的或边缘性的存在。

我们曾经设想，我们的星球是一个球体，它是自转的蓝色星球，失落在无涯的黑暗宇宙里。后来它开始变了，地球披上了有机体的新形式，一个自身历史和智慧的生命体，我们是它的一部分；通过共生关系，我们与这个生命体连在一起。

物理学家洛夫洛克提出的盖亚假说已获得国际科学界正式承认，并促成了人们对地球认知的转变。根据这一假说，我们所栖居的地球已成为一个生命体，这个生命体由数以百万计的其他生命体构成，它们和我们共同栖息在地球上。诸如此类的观念变化促使我们进行哲学思考。首先是对地球上生命体交互性质的观念本身的思考。

我们的地球观念变了，我们的世界感知变了，我们对周围现实的感知变了。除了这些历史变化外，我们还面对着一种与地球架构有关的形态变化。

地质学研究赋予地球历史的维度，因而是突变的维度。荷兰化学家 P. 克鲁岑（P. Crutzen）认为，我们进入了一个新的地质年代：继更新世（冰河时代）和更近的全新世之后的人类世。这样的变化与工业革命的发轫期同时，恰好也是人类生物行为体（agent）到地质行为体的过渡期。地质行为体不仅能干预、影响和改变地球表面的现实，而且影响着地表土之下的矿物层，影响着气候圈。

相互依存的维度使人的行为与地质圈和气候调节密切相关。除此之外，诸如此类的观念还揭示出我们栖息条件的非自主性，我们与地质、技术 - 工业和环境大气元素共生。

新地质时代即人类世的发现引领我们走向第二个哲学问题——与栖居环境性质和构成相关的哲学问题。从新的科学视角看，这个环境不再是主体在外部无生命世界里徜徉的条件。

和地球、非人的和物质的世界的变化类似，传统的西方观念中被视为物质、实体和无生命体形态的物体、器物和一切实体也经历了质的变化过程。我们总是把人造物和技术指认为受我们控制的工具，服服帖帖、命定被人使用。但经过数字化过程和互联网技术的几代发展以后，人造物和技术有了生命，开始分享信息，自主地交互，在网上分享数据，进入到前所未有的交流环境。传感器的广泛应用、物联网的建设、大数据关系的自主性生成了一种超乎人类的主导现象（extra-human protagonism），其特征是特定的交互形式不再由我们的指令激活。这是实实在在的本体论变革。由于这一变化，用"技术"（technique）一词来表示各种连接就不妥当了，用它表示我们与电路、数据、网络、软件等交互的复杂性也不妥当了。

我们人类曾笃定独步天下，聪慧，为万物之灵，仿照上帝的形象，"上帝就照着自己的形像造人，乃是照着他的形像造男造女"（《创世记》1：27）[1]。与植物、遗传等相关的其他智能形式以及如机

---

1. 重要说明：这条引语和本书其他语言的引语全都是我本人翻译的。——原注。本书中未作特殊标记者均为作者费利斯原注，下同。

器人、算法和人工智能被发现以后，我们独一无二的地位变了，至少进入了一个深度反思的过程。

我们的生存有了相互依存和连接的维度，人与设备、互联界面（connected surfaces）和各种实体之间的数字交互新形式具有"泛交往的"（pan-communicative）属性，这就把我们引向第三个哲学问题：正在发生的变化是何性质？

通过无穷量的数据的交互，信息化促成了通达世界的一种新型方式，唯有凭借智能算法、软件和机器人媒介作用，无穷量数据才能获取。

我们早已知道，绝对确定性和真相的时代已经过去。然而，从万网之网的形式，数字信息架构独特的和连接的维度为现实原理（principle of reality）提供了一种新的意义，改变了现实的意义，用新意义的属性取代了现实具有的历史属性和客观属性，这种新的意义是在与实体、数据和信息流的对话中产生的。

数字化过程引发了物质和现实法规（statute of reality）的本体论改变。世界和现实不再是给定的和客观的，而是如发生的事件一般处在永恒的生成过程中。总之，这样的世界和现实是在与数据对话、与数字架构交互，以及与比人类网络更庞大更高效的智能网络相连的过程中建构的。

显然，我们的确定性失效并不是第一次，我们的世界和现实观念发生了质的变化。在历史长河中，人类不得不多次改变对事物的看法。不过，当代变化的意义不止如此。我们正在经历并仍身处其中且界定了从第二个千年到第三个千年过渡期的这种变化，不仅关乎我们对事物的感知。也许，这不能简单归结为我们世界观的改变。毕竟，这一变化和事物性质的改变及其本身功能的变化有关。换言之，经过万物的广义数字化过程之后，不仅我们对环境、技术和万物的感知变了，而且万物的架构本身也变了，万物都变了；从数据转换中，万物获取了前所未有的变化属性，而这样的变化属性是由编码形式生成的。在这个意义上，世界的数字化过程获得了自身变形的意义，获得了一个新的地位，这是信息材质的（info-material）连接的地位。

人择宇宙学原理（anthropic cosmological principle）[1] 证明，人类是宇宙的一部分，我们经历宇宙的种种变化，根据一种连接的逻辑，我们不再自视为宇宙的中心，而是处在依附的地位。换言之，我们是补足的成分，处在从属地位；矛盾的是，通过与"超级技术"（hypertechniques）、生物多样性的交互，通过和许多与我们连接的实体的交互而达成的协同作用，我们又成为变化过程的动因和载体。在我们这个时代，盖亚假说、人类世的新地质时代开启了，传感器、数据库、软件和连接技术的扩散并生成一种独特的意义，数字化过程类似于圣餐仪式里面饼和葡萄酒变圣体和血的变体过程[2]。一方面，数字化过程使万物面目全非，一切生命体和物体都变成数

---

1. 物理学的人择宇宙学原理指的是，科学观察的品质受制于观察的条件和局限。我们所谓的宇宙是由我们的观察思想造成的，而且说到底是由我们人类的视角形成的。
2. 圣体（transubstantiative）指的是在天主教弥撒的祝圣仪式中，神父进行感恩祈祷和按手礼时，面饼和葡萄酒在圣餐仪式里经历特殊变化的过程。根据天主教教义，面饼和葡萄酒一经祝圣，实际就变成了耶稣的圣体和血液，同时又保留了原初的形式和外貌。我用它来比喻数字化过程。

字交往交互的实体。另一方面，数字化过程把一切现实转化为数据，改变其具体的物质属性，使置换、分解和操作成为可能。如此，我们或许开启了从实体走向替代物的旅程。

第二章 万网之网：互联网的演化

> 我们人类并非与众不同。信息在世间万物内部及万物之间
> 循环流转……我要问，转化的本质是什么呢？那就是从某物生
> 成信息。
>
> ——米歇尔·塞尔[1]

正如瓦尔特·本雅明（Walter Benjamin）论历史所云[2]，唯有从当
下这一刻，过往才能获得意义。在他看来，过往和现在非但没有截
然割裂，而且两者的连接使过往当下化（presentification）；过往再
也不能被理解为已经完结、缺席的现实，过往从当下的关怀里获得

---

1. 米歇尔·塞尔（Michel Serres），法国哲学家，著有《自然契约》《罗马，基础之书》
《五种官能》《冷漠》《赫尔墨斯》《关于儒勒·凡尔纳的青春》《雾中的信号，左拉》
《雕像》《寄生虫》等。——译者注
2. Benjamin, W. *Magia e técnica, arte e política: ensaio sobre a literatura e a história da cultura* ,
São Paulo, Brasiliense, 1987.

了生命力和同时代性。如此看来，现在生成了过往，而不是如通常所认为的那样反过来，过往造就了现在。

今天来看，互联网普及几十年后，其历史似乎更清晰、更容易理解了。今天，在物联网、数字平台和区块链的时代，互联网演进历程的本质特征和历史属性引人注目。唯有今天才可能断言，原初的阿帕网[1]启动的技术和信息过程生成了一种能重构自己的信息，虽然这样不同阶段的重构是在研究大规模杀伤性武器的过程中实现的。但是基本上，这个过程还是一个如何建设网络和连接性交互架构的过程。

数字计算机网络的历史始于有线电话和调制解调器的计算机连接，这样的连接引领我们进入一个持续不断的变化过程，在过去的岁月里生成了非常有特色的交互形式。现在追溯这些发展阶段已变得很容易，而这有助于我们理解这个发展历程的意义。网络发展的意义是可以在网络的连接性里，在交互网络的渐进扩张中辨识。网络的扩张使连互联界面和实体与日俱增。互联网始于世界范围的计算机联网，这是五角大楼资助研究的产物。1962 年的导弹危机以后，其目标是建设一个即使遭受核攻击也能正常运行的免疫信息系统（immune information system）。21 世纪初的几年宽带兴起，互联网经历了一个质变的扩展过程。

第一波演化是计算机信息网络通过光缆实现向 Web 2.0 的过渡。

---

1. 1962 年的导弹危机后，1969 年美国国防部创建阿帕网（Arpanet），目的是开发即使在遭受核武器袭击后也能重建和传输信息的信息系统。

Web 2.0 使信息存储容量指数级增长，改变讯息、传输节点和信道网络的信息架构，呈现出"脑皮质亢进"（brain hypercortex）。[1] Web 2.0 由数据和各种内容组成，总是在云端可用，不仅可以用计算机获取，而且还能用几种设备（平板电脑、智能手机等）获取。Web 2.0 第一次完成网络质的扩张，把互联网改造成为名副其实的全球智能网络，把人、图像、声音、数据连接起来，通过社交网络的社交互动，对牛排之类的餐饮和移动接入形式实施电子化重新设计。从日益增强的 Web 2.0 连接即所谓的后计算机网络的过程，网络开启了进一步的扩展过程，催生了第三个网络模型。这个模型的特征延伸至器物和物体，因此被称为物联网。

物联网的诞生依赖一种可能性：由于传感器和标签的运用，各种物体的表面都能通过无线电频率在互联网上传输数据。道路、树林、河流、桥梁和冰川都开始传输数据、彼此交流，它们与我们交互，生成一种不再局限于人的新型网络。从道路和城市交通的通行信息到北极冰川的厚度，再到南大西洋鲸鱼的迁徙轨迹，以及超市货架上商品的源头和成分，物联网短时间内就改变了社会的生态，引进曾经被认为是无生命的物体，将其转化为交流交互的实体。如今，社交网络和物联网生成的海量信息造就了无限多元的数据，而这些数据又是由接入网络的实体生成的。这种信息的广阔开启了一种不能用数学语言表述的新型度量方法，既不能计算，也不是人脑

---

1. "脑皮质亢进"（brain hypercortex），列维（P. Lévy）首创这一术语，并在稍后的《语义域一：计算、认知和信息经济》（*The Semantic Sphere I: Computation, Cognition and Information Economy*）一书里对其进行了分析。

的计算可以直接获取的。

如此难以描绘的浩瀚数据，每时每刻又生成源源不断的信息流，连续不断的信息来自人、物和各种事物的表面；前所未见的海量的大数据，我们在多重比特量中找到了近似的描绘：太字节（Terabyte）、拍字节（Petabyte）、艾字节（Exabyte）、泽字节（Zettabyte）和尧字节（Yottabyte）。因此，Web 2.0 和物联网之后的数据网，生成了第三种类型的网络，包含无限量的信息；鉴于其超大的比例，数据网由机器人和自动化的序列管理。这个智能的网络正在发展，它关联和处理信息；我们只能通过算法和非人类智能与其对话；这是一个无涯的宇宙，只能用新型的"望远镜"探索，这是自动的、交互的"望远镜"。

在物联（物联网）的过程中，在数字社交网络关系的算法管理、无限数据流（大数据）的非人组织的管理的过程中，以及表面和生态系统传感化形式管理的过程中，数字化过程不再仅是一种交流现象，而是数量上截然不同的东西。这不仅仅是一个虚拟化的过程，事物、道路、关系、树林、河流和城市转换为数据，给现实的东西赋予计算机化的维度，其特征是数字的非活力（a-dynamism），这是信息流算法处理和自动化处理的结果。

一旦数据的格式成型，街道、尖塔、柏树、大象、游艇以及我们的 DNA，虽然维持各自原有物质和物理的维度，却开始呈现出另一种格式，这一新格式将其转换为信息流，转换为可分可聚的序列。这个新世界由数据组成，不是分离的；它迥异于肉眼可见的由石头、砖头、物质和肉体组成的世界，它是显性世界的变形，这是因为凭借连接性的非活力，其可能的形式和方式大大增加。如此，一切现实都变得可以修正了，获得了使之变形的多样的版本，以客观和"真实的"方式将其转化为一个可能的连接架构。

如此，客观、独特、物质有限的世界就成了可编程的现实（programmable reality），既不是物质的也不是虚拟的，而是信息－物质的，也就是一种新型的计算机化的物质性，是像素－物质的，它不断浮现、不断转化，获取了类似于生命体的历史的、活跃的维度。

由于其多重性，世界计算机化的实质既是物质的又是信息的，它揭示出的维度不再是本体的[1]，而是断续的、变化的，唯有连接的方式才能访问，通过软件、数据、算法和界面才能通达。我们是数据世界的集合——有机的、无机的、人类的、动物的、植物的、理性的、机器人的、算法的集合等——如今，这个集合成了一个信息和交互网络的架构。我们曾经认为彼此分离的世界如今在数字层面上是连接的、交互的。

我们栖居的世界不再仅仅是物理的、肉眼可见的世界，而是一个复杂的、不可分割的世界的集合，同时又是信息和物质的组合。这是一个信息世界，是万网之网。

---

1. 这里参考了西方哲学传统形而上和永恒的本体观念的意义，以及马丁·海德格尔（Martin Heidegger）对本体观念的批评。

第三章　物联网和无机主角

> 在异乡旅行的人所必须面对的所有语言变化中，没有什么
> 比得上希帕提娅城的变化——因为这种变化涉及的不是词语，
> 而是事物本身。

> ——伊塔罗·卡尔维诺[1]

生活在亚马孙雨林东部的阿香宁卡人流行着一种仪式，他们通过喝一种由卡皮藤的根茎和一种致幻的灌木树叶合成的名为死藤水的饮料，和雨林里的一切实体，包括植物、动物和矿物联系起来。

在亚马孙的部落民中，交互生态（interactive ecology）的观念十分普遍，这一生态里不仅有人，而且有植物、动物和各种物体；部落民认为一切实体都有生命，都在交互。由巴西人类学家维韦罗

斯·卡斯特罗（Viveiros de Castro）创立、以美洲印第安人的视角主义（perspectivism）为基础并得到学界认可的人类学研究表明，这些部落民文化有一个共享、多元而泛化的人性观念，这一观念把植物、动物和无机世界结合在一起，给雨林中生存的生物和实体赋予主体的属性。根据人类学研究，在亚马孙的文化背景下，多元生命形式的观念在非人类领域里也很普遍，表达的是一种捕食性生态（predatorial ecology），其中的每个成员都是"人"，都是复杂而理性的实体："宇宙的一切动物和其他成分本质上都是人，实实在在的人，都可以显身，转换为人。"[1] 如此这般"人"的观念在这些部落民里是相同的，它先于且优于我们关于人的观念。

人类中心论以及人类优于其他物种的思想是西方思想的一个特点，和社会形态学一个特别的观念密切相关。这个社会形态学认为，社会是碎片化的生态，其构造成分一方面是主体，另一方面是物体和无生命的实体。这个现实由人构成，但环绕在人周围的是事物、工具、技艺、原材料、被动的物质和低等的现实、动物和植物。总之，这个世界和金字塔状的生态由人、动物、植物和事物构成。

虽然在多样的西方历史里，有可能辨认出交互物质性的一些例子，比如在文物里或中世纪神秘主义的异端形式里就有这样的例子，但不可否认的是，对我们西方人而言，矿物、动物和植物世界

数字公民：智能网络时代的治理重构

---

1. Viveiros de Castro, E. *Metafísicas Canibais*, São Paulo, Ubu, 2004, pp. 78-79.

和我们的世界构成截然不同的、明显分离的现实。

在过去的十年里，最新几代数字网络开始和过去被认为是和我们分离的不同的实体和多样的世界连接起来。

通过传感器或各种"标签"技术的普及，任何类型的表面都能被转变为通过射频（RF）传输数据的发射器。物联网改变了我们的生态，把树林、河流、冰川、路口、房顶以及各种各样的物品和客体转化为交互的实体。

普遍连接的过程很快改变了我们的栖居条件，让非人的物品进入我们的世界，使之成为我们熟悉的生活的一部分。

阿特佐力（I. Atzori）、以埃拉（A. Iera）和莫拉比托（I. A. Morabito）等人对物联网作了这样的定义："物联网（IoT）是一种新的范式，迅速在无线通信领域扩张地盘。其基本理念是我们周围存在各种事物或客体，比如射频识别标签、传感器、制动器、手机等，通过独特的寻址方案，它们能彼此交互、与周边物件协作，以达成共同的目标。"[1]

一旦贴上数字标签，我们在超市购买的产品就成了媒介、通信的物体，条码可以告诉我们物品的产地、成分、原理和属性。

这一连接架构的特点在于，通过全球信息基础设施，实现了物理和物质的世界与人和社会的世界交互。物联网的发展使物件、表面和人的交互增加；此外，它还挑战人类中心论、改变物体的地

---

1. Atzori; I.; Iera A.; Morabito, I. A. The Internet of Things: A survey. *Computer Networks*, 54(15), pp. 2787-2805. doi: 10.1016/j. comnet.2010.05.010.

位，把被动的物体变成交往和交互的实体。

物体和许多表面的连接生成了新型的物质性（materiality），物质性不同于西方哲学传统里的客体，也不同于本雅明交往研究的物体[1]。物质性不仅与事物传统的传播力，或者与产品的表现行为有关系，它还与一种新型的计算机化的物体有关系，它不仅是物理的和信息的，而且具有跨有机的（transorganic）传播力，同时又是新型的信息生态的组成部分。

事物不再是无生命的物体。事物表面都被数字化过程、传感器和网络架构产生的非动力重构，这些传感器和网络架构逐渐将事物转变为交互的、产生信息的实体。

1. Appadurai, A. *A vida social das coisas*, Niterói, Ed. UFF, 2008; Gell, A. *Art and Agency an Anthropological Theory*, New York, Clarenton Press, 1998; La Cecla, F. *Non è cosa. Vita affettiva degli oggetti*, Milano Eleuthera Editrice, 1998; Harman, G. *Object Oriented Ontology, a New Theory of Everything*, Ed. Pelican London, 2008.

第四章　万物互联：新环球连接

世界上的人口最多的地方是脸书网（Facebook），其用户约为 21.96 亿。位居第二的是油管网（YouTube），其用户约有 19 亿。第三是应用程序 WhatsApp，其用户有 15 亿。

社交互联网（Web 2.0）和物联网（IoT）和数据（大数据）互联网并非彼此孤立。相反，和生态系统架构类似，它们是整合一体、相互依存的，它们构成万物互联（Internet of Everything）。

今天，数字化过程兴起，成为一种新型的全球连接。换言之，这是一种交互网络机制，不仅由人与技术构成，而且由多样生物、物体、表面、智能神经网络等构成。和神经生理学家列维在 20 世纪 90 年代描绘的互联网不一样，如今的互联网不再仅仅是一种集体智能（collective intelligence），它还是数据网络之网，通过移动设备、软件、传感器构成一个充满活力的交互空间，我们生活其中。在这个过程中，除了收发信息、交换信息和内容，交互的多种空间性（spatialities）得以形成，人与多样实体的生态形成了。在这样的空间和生态里，每个成员彼此联系、相互依存。

因此在这些连接的架构上，交互不仅意味着交换信息，而且会改变我们的生活境遇，改变我们在计算机环境中的社交能力、地理位置和我们自身的存在。这些架构绝不是虚拟的架构，绝不是外在于我们社会环境的平台，绝不会与物理世界分离。相反，植入物理世界以后，它们仍然是活跃的、有影响力的一部分。看看神经网络和交互网络的扩散对我们的关系产生的影响就足以说明问题了。

我们的社会、物理和戏剧情景已变得信息化。不只是我们的关系在虚拟计划上的简单延伸，我们互联的生活表现出质的变化，有它自己的交互性和社交性。一旦关联，我们就在多元的意义上改变我们的社会性，使其兼具亲历性与信息性、亲近又遥远、公开又私密的特点。这是一种新的熟悉感，连通而无限，空间上延展，不局限于身体的和面对面的关系，而是带有连通形式的特征。通过比特的转换，这些连通形式把人、街道、广场、住宅和事物转化为数据网络，创造了一种独特而混杂的状态，卢西亚诺·弗洛里迪将其界定为"在线"[1]。

数字公民：智能网络时代的治理重构

---

1. Floridi L. *La quarta rivoluzione*, Milano, Raffaele Cortina Editore, 2017.

这个新的模式与由香农和韦弗[1]、拉扎斯菲尔德[2]、艾柯[3]和法布芮（P. Fabbri）等人提出的工业信息模式不同，这些模型将大众媒介信息流描绘为基于发送者和接收者相反对称（opposite symmetries）。而新模式诞生于网络连接，创建了一种全新的传播架构。如果说通信类比模型的灵感来自工业生产系统，复制其结构并类比商品批量生产与信息内容生产的过程，那么，复杂而相互连接的网络形式则对传播科学的语言发起了挑战，同时提出重新思考传播理念及其线性几何表征的可能性。

科西莫·亚卡托[4]从架构重组的角度解读新的信息网络架构，该架构由五部分组成：软件代码、算法、传感器、数据和平台。

"如果说马诺维奇[5]提出的问题是有关软件的创生对媒介有何影响，那我们在这里需选择拓宽分析的视角并自问，如哲学家所言，当软件成为我们经验的视野会发生什么……我们不仅要问，软件到

1. 香农（Claude Shannon）和韦弗（Warren Weaver），美国科学家，创建信息流和控制论，提出传播过程的数学模式。——译者注

2. 拉扎斯菲尔德（Paul Lazarsfeld, 1901—1976），美国社会学家，传播学四大奠基人之一。——译者注

3. 艾柯（Umberto Eco, 1932—2016），享誉世界的哲学家、符号学家、文艺批评家和小说家，著有《玫瑰之名》《福柯摆》《布拉格墓园》《美的历史》《无限的清单》等。——译者注

4. 科西莫·亚卡托（Cosimo Accoto），意大利科学家、人文学者，著有《公司与平台业务》《人工智能：从档案到神谕》《企业、经济学与管理大数据》《强平台时代》《数字混乱大挑战》《社交移动营销》《社会商务工具包》《社交媒体的品牌与指标》《互联网受众的评估：理论、技巧与指标》等，《数据时代》是他的"时代"三部曲之一。——译者注

5. 列夫·马诺维奇（Lev Manovich），俄裔美国人工智能艺术家，著有《新媒体语言》《人工智能美学》《文化分析》等。——译者注

来之后媒介是什么，而且要问软件生成之后世界是什么样子；这个世界靠传感器和数据运行，融合了算法，并不断向人工智能推进，体现在强大的社会经济平台上……软件深刻改变了我们对可能性的认知。总之，代码在个体角度重新定义了世界可能性的状况。"[1]

这些新交互架构的广泛流布生成了一种新型的网络，名曰"万物互联"，继连接人、物体、生物多样性后，它又开始连接各种表面，创造了前所未有的全球生态。

新型的全球连接界定了一种新的公共形态、一种新的生态语境，它不再仅仅是社会的，不再仅仅由人组成，而且由事物的信息、生物多样性、多种算法表面、数据等组成。世界的数字化赋予非人存在物发声的机会，在人类历史上首次激发了人与其他实体的对话，还是新生态文化与更多的生态指标连接得以传播的基础。传感器和物体表面标签的推广赋予非人实体发声的机会，削弱了西方人类中心的神话，将智人乃宇宙中心的观念转变为将其视为一个开放的生态，人不再是唯一的唱独角戏的智能主体，人是复杂关系生态的一部分。在相互连接的网络的语境下，人不仅是一个独立的主体，网络身份使人成为从属的实体；为了履行其行为，这个实体与其他实体连接，与复杂的交互网络连接在一起。人类不再仅仅依附和受制于空气、水、原材料，而且还和软件、算法、数据、传感器、信息流和设备息息相关。

---

1. Accoto, C. *Il mondo dato, Milano*, Egea, 2017, p. 13. In publication by Ed. Paulus (2020).

第五章　信息生态

作为客观固化环境的树林是不存在的，存在着护林员眼中的树林、猎人眼中的树林、旅人眼中的树林、自然爱好者眼中的树林、木匠眼中的树林，最后还有"小红帽"（Little Red Riding Hood）迷路的童话树林。

——吉奥乔·阿甘本[1]

大数据和算法用于农业不仅改变了栽培技术，而且改变了生产者与土地的关系，在新型的生态里创造了一种新的交互模式：计算机化的、有机的、物质的和连接的模式。

---

1. 吉奥乔·阿甘本（Giorgio Agamben, 1942— ），意大利哲学家、思想家，对文学理论、欧陆哲学、政治思想、宗教研究以及文学和艺术均有影响，著有《神圣人：至高权力和赤裸生命》《王国与荣耀》《语言的圣礼》《例外状态》《奥斯维辛的残余》《语言与死亡》《幼年与历史》《身体之用》《没有内容的人》《最高的清贫》等。——译者注

精密算法农业为改进耕作技术而提供具体的解决办法，能贯彻更加可持续发展的做法，比如水资源的合理化和节约，以及针对性更强的植物保护。而且，精密农业还重新界定我们和植物界的生态关系，包括不同的实体和行为人的关系——人、土壤、土地、水、种子、叶子、数据管理软件、算法和数据智能的关系。传感器收集土壤情况、作物健康状况和品质等信息，发现虫害的存在，或大气和气候新因子生成的影响，将农业转化为一种信息的活动。使用决策支持系统软件来管理和比较分析，改变了在西方传统中广为流布的基于城乡、技术－自然、人类－自然区分和对立的生态观念。

实际上，构成一个地域生态的所有行为体的计算机化不仅意味着对行为体的监测，而且意味着管理它们相互作用，提升效能，有助于优化建设生长与繁殖过程。精密农业不会使人对自然的入侵干预增加，不但如此，精密农业指导下的农务活动还适应每种实体、作物和动物的需求。变量施肥技术（VRA）的应用正是基于这一原理，它使人的干预在浇灌和养护的层面上调节，针对每一片叶子或每一只动物的情况而异，给予个性化的、细分且有针对性的治疗。因此，精密农业不只是人的外在行为的增加，它还生成了一种新型的耕作模式。这种文化基于感知信息的收集，使用大数据和图像识别算法，以揭示作物和生物实体的具体需求和真实状况，进而实施精密农业，显示人与环境需求的新型关系。

生态的计算机化过程使不同的行为体连接成一个网络，通过将它们转化为二进制码和数据，使识别、聆听和建构更智能的交互成为可能。

大数据用于农业有助于智能耕作实践的增长，使得数据库能够直接与消费者和生产者、供应商和销售商产生联系，能实时监控产量和需求，同时又能调整整个生产周期的生态系统，使之效率更高且对环境的破坏更少。农业生产、销售和消费的实践将成为一个具有质的提升的信息化过程。

居住在巴西亚马孙地区北部罗赖马州的派特苏瑞人（Paiter Suruí people）对他们栖息的部分森林实施了数字化管理。他们的村落占据了约 2 480 平方千米的原始森林，曾经每天有 400 辆装满由非法的"木材"贸易商经营滥伐的木材卡车进出。村民眼睁睁看着这样的破坏却无能为力，因为他们没有充足的手段来监控广袤的雨林。有鉴于此，派特苏瑞人决定求助于谷歌。几个月内，谷歌地球推广计划（Google Earth Outreach）在树上安装传感器，监听捕捉电锯的噪声，定位噪声源头，并通过互联网发送信息。借助谷歌地球，原住民用平板电脑和手机接收消息，准确定位滥伐者，及时干预，以保卫雨林及其领地。

亚马孙雨林原住民村落的连接生成了一种新型生态。不仅形成了印第安原住民交流网络（online Indian network），还开启了直接的外交工作，原住民通过网络直接与世界各地交流，克服了地理和政治孤悬造成的距离。传感器、地理定位技术的推广、卫星监测以及各族群开发的包含各类数据的数据库（语言、植物和文化等的）生成了一种新环境——信息森林。信息森林由新型网络组成，依靠射频识别（RFID）无线电波、传感器、卫星和智能手机连接起来。

地球上最大的雨林本就具有自然连通的生态系统，通过数字化过程，实时、可用、可见的数据万网之网形成了。地球上最大生物多样性地区的数字化还使森林各种生态系统（生物、社会、矿物、技术信息等系统）的数据网络实现了交互，更智能的交互方式就这样诞生了。

如此，这片雨林获得了一个新维度，表现出一种新的生态，这一生态既是信息的又是物质的、既是生物的又是算法的，既可栖居又可穿越，但唯有通过移动设备才能访问。应运而生的是一种技术神韵（technological genius loci）[1]，这是数据、设备、无线电波、移动计算、物质景观和有机实体卓有成效的交互产物。

英国生物技术公司牛津昆虫技术（Oxitec）公司每周能生产200万只转基因蚊子。它们能抑制埃及伊蚊的繁殖；埃及伊蚊是登革热的主要传播媒介，而登革热目前仍无治愈方法。

Oxitec生产的蚊子带有一种有条件的致死基因，只有在不接触抗生素四环素时才会杀死它。大量转基因的雄蚊生产出来之后被投放到环境里去和未经基因修正的雌蚊交配。如此交配的后代继承了这个有条件的致死基因，但因环境中缺乏四环素，它们几乎一出生就立即死亡。如此，阻止埃及伊蚊繁殖的目的达成，登革热就被控制了。

生物技术生成的基因操纵形式，通过操纵的基因组DNA序列生成新昆虫和新植物，它们是在试验室借助计算机设备完成的。基因

---

1. 为厘清并深化"技术神韵"（technological genius loci）一语，容我推荐拙作《后都市景观：都市经验的终结和生存交往形式的兴起》（*Post-urban Landscapes: the End of Urban Experience and the Communicative Forms of Living*）。

修正后的昆虫起多种作用，或抑制其他害虫的传播，或用于植物的人工授粉以影响其生长和产量。目前，转基因埃及伊蚊已在巴西、巴拿马、马来西亚和开曼群岛培育并投放了。

如布鲁诺·拉图尔所提[1]，科学过程不是人的主体作用于客体－自然对象的简单结果。相反，那是复杂交互网络共同作用的结果，是诸多"行为体"（actant）构成的真实的生态，行为体以不同的方式对共同的行动做出贡献。从这个观点看，当代科学不只是人对自然的操弄和科学家的技术干预，而是必须被理解为交互生态的发展，是跨有机智能（transorganic intelligences）的生产，能使诸多不同的世界和实体相互融合。

派特苏瑞人的数字化雨林、抗登革热蚊子以及农业里引进的数字技术和人工智能都清晰表明，把自然和人分离开、把人与技术和自然分离的认识论范式是有所不足的。对这些既非人为也非自然的新世界，我们能赋予什么样的公民身份呢？

---

1. Latour, B. *Ciência em ação*, São Paulo, Ed. Unesp, 1997.

第六章　栖居在网络

　　细菌、真菌、鲸鱼、红杉，我们所知的任何生灵无不可以说是在发出信息、接收信息、储存信息和处理信息……水晶、岩石、海洋、行星、太阳、银河，我们所知的任何无生命的东西无不可以说是在发出信息、接收信息、储存信息和应对信息……个人、家庭、农场、村落、都会、国家，我们所知的任何人，无论独处的或群体里的人，无不可以说是在发出信息、接收信息、储存信息和处理信息。

——米歇尔·塞尔

　　在西方文化里，人与环境的关系一直被呈现和叙说为对立的关系。英语 environment 一词源于拉丁词 ambire，意为"周围的东西"。希腊语"自然"（φύσις）的观念确立了人的主体和外部世界的距离，这个观念既见于犹太 – 基督教创世的传统里，也见于旧世界的哲学里。

　　与这种观念相对，网络生态的视角基于对个人、生物多样性、技术、信息和地域之间复杂关系的描绘，这个视角不同于西方传统，它使不同成员之间相互依存的关系清晰可见，因为它们自身的变化过程和特征是在彼此交互中生成和发展的。根据这一视角，人与环境、技术和自然对立、分离的传统观念被栖居条件乃生态系统的认知取而代之。这样的感知持续界定实体，实体不再是自主现实，而是一种关系形式的一部分；这种关系形式只有通过不同的互动和联系才能获得其具体状态。

　　网络生态的观念表现在当代数字文化的不同表达中。在数字文化里，信息系统的概念获得了网络形式的意义。在这样的范围内，外部性或内部性均不存在，存在的唯有连接。

　　于是，源自生存理念的自由解释，受马丁·海德格尔关系本体论的启发，重新思考基于交往形式的栖居条件就有可能了。交往生存形式的视角描绘复杂的交往生态，这一生态不再基于主体和媒介、人与技术、人与自然等的交互，而是基于交互式生态网络的连接[1]。因此，生存不再是主体与地域关系的结果，不再是个人与地域的客观关系，而是复杂生态网络成员间的多重实践，那是由人、数据、传感器、软件、算法、森林、道路等构成的生态网络。

　　信息生态系统和增强现实的启用不仅可以通过交互设备的中介

---

1. 在《后都市景观：都市经验的终结和生存交往形式的兴起》一书里，我提出了历史、非历时的和生存交往的三种形式：阅读的生存交往形式、电力的生存交往形式、数字生存的交往形式。每种生存交往形式都描绘具体的生态形式，提倡生态成分（人、技术和环境）特别的交互形式。

作用穿梭其中的环境，而且对空间和环境的客观意义提出疑问。超越空间的建筑和地形概念，生存交往形式的理念以及网络中生存的理念，全都获得了一个战略性观念的意义，这个观念促人思考和描绘影响我们时代和社会变革所具有的信息品质。

尽管我们从未踏足白茫茫的北极，从来没有不得不与北极熊打交道的际遇（动物园除外），但我们很了解北极冰川厚度的在萎缩，也很清楚极地动物今天的生存困境。大多数地球居民从未踏足热带雨林，从未在万物互涉、既是猎物又是猎食者的环境中经历过嗜血"蚊子"不停的攻击，但是我们很清楚，热带雨林的光合作用、蒸腾作用和氧气释放对大气质量的平衡的重要性。

今天我们足不出户，身在卧室，被数千米的混凝土和沥青丛林包围和保卫，即使相隔千里，我们还是能通过彼此连接的设备、数据和传感器到达地球上最遥远的地方。这些连接让我们能看到、了解、监测热带雨林、极地冰川和沙漠，我们与不同的盖亚网络交互。

多亏了网络和数据流，我们安坐在沙发或书桌椅里就能穿梭于遥远的生态系统和环境之中。和网络的信息架构连接，我们得以感受盖亚女神（地球）的呼吸；我们看见并了解盖亚子民和事物表面之间的无穷连接。通过网络连接，我们不再仅限于通过五官感知、观察和认知世界。今天，我们已相当熟悉前所未有的跨有机的感觉形式，其基础是既非有机亦非人为的感觉性（sensoriality）。

我们不再只栖居于物理空间和地域里，而且还栖居在一个新型的计算机化的领域里；唯有通过数字信息设备和架构，这个领地才能抵达。

几十年来，我们的生活状况剧变。我们从影视的视觉架构走向连接的信息架构。影视的视觉架构再现风景，把世界和现实转化为图像；连接的信息架构把一切现实和表面变成二元代码和比特，使实物混合交融，生成一种前所未有的生活方式。这种生活方式的典型特征与其说是地域的数字复制（虚拟空间和虚拟世界），不如说是由多元的空间组成的信息生态扩散，它们兼具物质性与信息性。

地理信息系统（GIS）是一种复杂的架构，由物理空间、道路、建筑、树林、广场等组成。这些元素获取数字格式以后，呈现丰富的信息形式和状态，成为多元和开放的空间。于是，信息－物质结构应运而生，同时具有物理的和数字的空间性；非局部性生存（atopic living）空间兴起，这种生活空间难以名状、难以界定。

物联网兴起后，人、设备、数据、传感器、软件、物体、动物、河流和树林都开始交互，生成一种前所未有的生态，这种生态日益成为我们的自然栖息地和共同的世界。

这样的生存境遇再也不能用古希腊语中的"自然"来表达，那是由外在物质空间构成的生态，人类栖居其间，其典型特征是主体和客体的关系。

继人、自然和语义的栖息地理念之后[1]，兴起的是网状交往生活

---

1. 参见费利克斯·加塔利（Felix Guattari）著名的《三重生态》（*Les trois écologies*）。

理念，其形式是非局部性的（atopy）[1]，正在浮现的，连接性的。

一个复杂的生态随之而起，在计算机化的过程中，物质和表面转化为数字二进制代码（010101），它们连接起来，变化了。

因此，网状的和数字的信息生态是"共振峰形式"（formant form），[2] 也就是滋生形式的形式；同时，这样的信息生态不断变化，因而是未界定的信息架构。它们没有固化的形式，既不是自然也不是本体。它们既不是摆在我们面前的外在架构，也不是我们创造和想象里的内在表征。它们类似于复杂生命系统的生态和组织结构。

在西方哲学传统里，希腊词"atopos"的特定含义并非字面直解的"非场所"之意，其意义见于它与自己模糊的关系中："难以描绘之地""陌生地""不大可能之地""不在应在的位置"。

因此，非局部性不是"非场所"（non-place）。非局部性不是一种新型的空间，也不是模拟的领地，也不能完全界定为一种克服了物理和地理空间形式的后领地性（post-territoriality）。非局部性最好被界定为替代这些概念的概念，它是一种数字-物质的和跨有机的信息形式，其构造成分是数字信息技术和信息生态系统。地理和地域信息技术、生物多样化的网络和生命网络使这些构造成分非常精细，传感器、空间的物理和物质部分将其连接，信息电路和数字网络使之交叉。如此，非局部性生存就构形为瞬态和流动的混合——

---

1. 为更好地理解非局部性，请参见拙作《后都市景观：都市经验的终结和生存交往形式的兴起》

2. 关于"共振峰形式"（formant form）的观念，参见路易吉·巴莱松（Luigi Pareyson）的作品尤其他的弟子 M. 佩尼奥拉（M. Perniola）的《20 世纪美学》（*L'estetica del novecento*）。

人体、技术、生物多样性、自然景观、数据、信息流、连接设备的
混合。非局部性生存就像是一种新型生态系统的萌生状态，它既不
是有机的也不是无机的，既不是静止不动的也不是不可限制的。它
是信息的，同时又是物质的。

第七章　从城邦到共生世界

在基督教传统里，圣方济各（Francis of Assisi）以其人生选择所展现的伦理品质被人们铭记，他摒弃自身所处环境带来的财富和舒适，过贫困的生活。人们铭记他皈依后的精神生态品质，牢记他与动物和生灵的对话。不过，人们对他放弃城市和政治，回归前都市状态，放弃城邦生态，批驳亚里士多德创建并在西方文明里流传的本体论，却不太注意。其实他的选择还可以进行另一种解读：不屈从于西方有关人的观念并断然摒弃之。这种历史观念将人界定为城市居民和政治动物，具备卓越的才能，与其他生灵和自然分离并迥然不同。

城邦是一种世界架构，是西方的生活形式，首创碎片化的生态，同时又首倡人类中心的功能。人类中心的空间与周围世界分离，生物多样性和自然的存在受限，被压缩到最低限度。城邦物理的和理想的架构把人和社会与世界隔离开来，发明人类生态的观念，其典型特征是人与自然、万物和技术的对立。在这人为的、物质的和概念的生态里，世界政治视野的叙事诞生并发展起来。这一观念和这样的生态基于人类主体的核心地位，我们的民主和代议制参与的仪式才得以出现。因此，认真思考这一观念和生态，大有裨益。西方民主思想源于这一本体论；这一本体论分离人与自然，把自然理解为都市城墙之外的现实，选择人乃万物之灵、世间唯一栖居者的观念，认为人是万物的中心和尺度。西方哲学的兴趣转向，从宇宙和万物起源研究过渡到政治，而政治兴趣的焦点又是人、伦理和主体的单一生态；这样的转折和过渡归因于苏格拉底及其弟子柏拉图对他的解读。

哲学兴趣从宇宙向人类主体转移，而人又被理解为社会实体，其目的是解释这个实体的性质和深刻的存在，证明人享有特权的状况："实际上这是人区别于其他动物关系的特征，唯独人能感知善恶、正误和其他价值。"[1]

亚里士多德"政治动物"的定义开创了对人性和人客观本质的研究。这样的探寻使西方人认为，他创造的政治形式是自然的和绝对的。实际上，亚里士多德认为政治应该被视为人的自然活动；作为政治和社会动物，人创建了家庭和村落"正宗"且"完善"的聚合形式。在他的思想里，城市和城邦是村落聚合的结果，构成了世界的自然与拟人化的架构："大多数村落产生的社群是城邦……因此，如果最早的社群天生就存在，每一个城邦也是天生就存在

---

1. Aristotele. *Politica*. Opere, vol. IX, Roma-Bari, Laterza, p. 44.

的……从这些考量明显可以看出，城邦是自然的产物，人自然就是社会的存在：因此，生活在城邦社会之外的人要么是卑鄙的，要么是优于他人的。"[1]

众所周知，亚里士多德区分了三种可能的自然政体形式：君主政体（monarchy），即一人统治的政体；贵族政体（aristocracy），即最优人士统治的政体；民主政体（politeia），即多数人统治的政体。

如此，希腊哲学不仅开创了西方关于政府形式的理念，以及管理公共事务的一种方法，而且最重要的是发明了一种关于现实的本体论，一种世界观；人是世界里优越的存在，有语言天赋，支配、处置和管理世界；而自然则被理解为外在的和劣等的东西。

换言之，对希腊人及其后的整个西方世界而言，社会由城市人为空间的居民构成，别无其他成分。因此，此间诞生的观念是人和宇宙的分离，是分离后的孤立，以及城邦在人造"胎盘"里的封闭。

城邦和西方民主发明了一个无生命的世界、一个主体和客体构成的生态，人是这里唯一的行为者："人是一种社会性动物，远比蜜蜂或牛群更具社会性。因为正如我们所说，自然行事皆有目的，所以在万千动物中，唯有人能说话。"[2]

基于如此假设和本体论的西方民主观念，在今天的互联互通的语境和网络生态中，却遭遇到难以跨越的障碍和反驳。

---

1. Aristotele. *Politica*. Opere, vol. IX, Roma-Bari, Laterza, p. 66.
2. Ibid, p.14.

如上所见，传感器的普及、物联网和迭代的连接技术，催生了新型的交往生态，让非人的事物拥有语言，生成了一套网络。这些网络由有机实体和各种事物的表面构成，能发出信息和传输数据。从那一刻起，曾经是外部性质的东西开启了实时交往的功能，实时更新我们的发展模式产生的影响。海水开始传输水温，数字技术检测城市二氧化碳排放的水平，这些技术发展显示空气污染的程度，还影响我们通勤的方式。连我们的身体都开始接上传感器以数据形式传输信息。每一种现实、每一种表面、万事万物都成了"行为体"[1]。

来自各种渠道比如移动设备、传感器和物联网的海量信息开始形成数据库和自主智能架构，这些架构能处理无穷的信息（大数据）并回应各种咨询。靠数据学习（机器学习）或算法类别学习（深度学习），如今非人类智能形式能达到数量上优于人的知识水平，还能执行复杂的交互形式，并在人与非人之间达到前所未有的交互。[2] 如果再加上洛夫洛克的盖亚假说，亚里士多德的假设就撑不下去了。洛夫洛克认为，我们的行星不是陆地的球体（terrestrial

---

1. 这是布鲁诺·拉图尔所用的字眼，他用"actant"取代"actor-subject"（行动者 – 主体）。行为体 actant 指任何类型的实体，人或非人都包括在内，干预行为，并对行为的表现做出贡献。

2. 诸如此类的证据绝不应该引导我们走向"人类智能"和"人工智能"简单的二元论。这样的逻辑上是连接的，不是对立的。人类智能里有人为的维度和水平；人工智能里有部分人的智能。因此，正如詹姆斯·洛夫洛克所言，更妥当的说法是"超级智能"（hyperintelligence），这个观念为我们打开了一个新的维度，它既不是人类中心的，也不是技术中心的，而是连接的。见洛夫洛克《新星世：即将来的超级智能时代》（*Novacene: l'età dell'iperintelligenza*）。

globe），而是一个活生生交互的有机体，数十亿的有机体在此栖居、交互、连接；而亚里士多德的假设只把语言的能力授之于人，因而人拥有天赋的能力独享洞察和政治的倾向。这一假设明显是站不住脚的。

今天，我们生活其间的世界和昔日城邦政治想象生成的世界截然不同，和现代公共舆论的都市和工业维度几乎没有关系。话语权及相关的参与权和政治维度被延展到其他行为体，改变了社会的形态学和公共领域的意义。

在这种交互式生态里，亚里士多德和西方的民主观念，以及政治行为被理解为只局限于人类的架构意义，不再适用了，它们反而成为观念的障壁，使我们看不见当下，妨碍我们理解和描绘交互网络连接的特征。

克服这个陈旧的民主观念，颠覆我们关于社会和参与的理念，势在必行。但我们从何着手呢？

对形而上表象和西方本体论持批判态度的哲学家马丁·海德格尔不用人类一词，他更喜欢用与之相对的语词"此在"（Mitsein/being-with）、"共在"（Mitdasein/ being-there with）和"共生世界"（Mitwelt）。

这是重要的第一步。我们不再考虑（相信）社会的政治维度，不思考简单化的政治生态；那是由我们的希腊祖先发明的、由不同群体的人组成的、通过意见交换和决策建构的生态，而决策又仅仅是由公民做出的。相反，我们可以开始考虑并生活在"共生世界"（co-worlds）里了。

同理，我们不要相信一个积极主体性（active subjectivity）的形而上理念、独立自主行为者的独特属性，我们可以用"公民"一词取代海德格尔的复合词"此在"（being-with）。

我们不再用城市、国家或民族等词语，而是用"共生世界"取而代之。

不再用智人一词，而是用"此在"取而代之。

不再用行为一词，而是用"共在"取而代之。

第八章　人是非神、"非人"、"非动物"、非物

> 上帝禁止你停留在你如今之所在，禁止你维持如今的样
> 子，禁止你保有如今之所有……上帝禁止你被当作女人或男
> 人……我们永远得不到满足。我们是两个深渊——乃是天空中
> 闪烁的深井。
>
> ——费尔南多·佩索阿[1]

在《论人的尊严》（*hominis dignidade*）的祷文里，皮科·德拉·米兰多拉[2]把人描绘为没有特定类型或界定形式的实体。因为人是在其他生灵之后被创造的，所以在神造万物中，人既没有范本，也没有自己的地盘，亦没有特殊的地位。阿甘本分析这篇祷文

---

1. 费尔南多·佩索阿（Fernando Pessoa，1888—1935），葡萄牙诗人、作家、现代主义的代表人物，著有《使命》《不安之书》等。——译者注
2. 皮科·德拉·米兰多拉（Pico della Mirandola，1463—1494），意大利哲学家、人文主义者。——译者注

时说："因为人的创造没有特定的范本，他甚至没有面孔，因而他不得不按照自己的意志塑造自己的形象，或野蛮或神圣的形象。"

皮科认为，既然不具有特定的性质或本质，人注定要带上最多样的形式，看上去像变色龙："谁能不惊叹于我们这般变色龙呢。"

人难以界定，状态不稳，可能会不断变化，马里奥·佩尼奥拉[1]进一步对此予以肯定。他认为，西方思想的历史任务总是要赋予人不同的状态，使人有时像上帝，有时像动物。晚近以来，在终极的视角中，西方思想把人的状况等同于物（the thing）："西方思想让人直面上帝和动物，这可以追溯到古希腊；穷尽了这个历史任务后，如今人的物性需要我们全神贯注……或向上走向神圣，或向下走向动物，纵向的运动完成了；接着是横向的运动，走向物（the thing）：这一运动既不高于我们，也不低于我们，它贴近我们，就在我们身旁，环绕我们。"[2]

人与物的认同见于佩尼奥拉的表述"我们这个时代非个人的感觉"（impersonal feeling of our time）。他将其描绘为极其强烈的感觉，这一感觉不再来自主体，而是来自外界，实际上是来源于物。在这位哲学家看来，感觉迁移出人体，主体的跨有机变化显而易见，在硬核摇滚乐中，以多种方式表现得淋漓尽致。

"硬核摇滚乃渐进摇滚音的硬核，并不包含嘶吼、呻吟、性呻吟的展示，以及重金属乐器伴奏；实际上，人声和乐器声只接受扭

---

1. 马里奥·佩尼奥拉（Mario Perniola, 1941—2018），意大利美学家、哲学家，著有《当代美学》《仪式思维》等。——译者注

2. Perniola, M. *Il sex appeal dell' inorganico*, Einaudi, Torino, 1994, p.73.

曲、滤镜和蒙太奇的起手式，于是人声和乐器声是人为的却不是机械的：它们在中性的情感中变得统一……如此，人声的电子操弄激发无穷的穿透性，穿透口腔和喉头之外，不再是血肉之躯所发出的：它们更像是管风琴的音管，而不像生物管道；仿佛正是通过这些管道的入侵，表现事物的本质才浮现出来。"[1]

这就是人类境遇本身非实质的且其生存状态具有关系维度，海德格尔也提出了这一理念，他将存在描绘为一个四方域，即天地神人的一个关系的生态。换言之对他而言，存在没有实质或身份的形式，存在的实现靠的是天之下、地之上、神之临、人之旁。他认为，这四要素构成存在，均为存在有效的部分，而不是简单地与存在认同。存在本在，亦在成长。存在栖居于天地神人之中，存在就是天地神人。浑然一体之存在替代天地神人，分布在天地神人中，包含了天地神人，这四种要素组成一个不可分割的关系的生态。今天，我们将这一关系的生态界定为"网络"。这是一种"网络存在"[2]，其特征是继续不断处于成为中的状态，而不是固有的实质。

晚近以来，一种将人类置于生态视角下进行理解的概念正在传播——这种概念将人类解读为更高一级复杂性系统的一部分，这更高一级的复杂性构成了人的生态环境，同时又是其组成部分。这样的思想引起许多作者的共鸣。人不再是一个自足的主体，不再是主体命运的缔造者，"无主体"（nonsubject）的人不再有自己的身份；

1. Perniola, M. *Il sex appeal dell'inorganico*, Einaudi, Torino, 1994, p.75.
2. 网络存在（network-being），朱莉安娜·库托洛·托雷斯（Julliana Cutolo Torres）语。

"无主体"的人与环境、与构成它栖息地的不同的实体融为一体："身份的构成不仅来自人的环境，而且首先来自岩石、水体甚至植物和动物。都市化、单调乏味、排他性的人和政治性生存方式极大地限制了我们，致使我们大多数的当代人萎缩进一个幼稚的世界。"[1]

也许，由于当代的生态危机以及气候变化和大流行病引起的变革，这种"人"的生态观念日后也会烟消云散。这些危机和变革，后果之一是拷问西方和欧洲"人"的观念的普遍性。

西方思想把人描绘为优越和自生的实体，完全为自身的变革负责，人是与世界分离且自主的实体。今天，这个观念已成为一种文化叙事，是特殊历史语境的产物；这个观念在大多数非欧洲文化中找不到与其匹配的观念。在横跨西伯利亚、中亚和美洲的许多文化中，在萨满教的崇拜仪式和旅程里，人可能具有不同的形式，人可能化作动物、河流、树木或物品。由此可见，人本主义远不能构成一个普遍的、不容置疑的范畴，而必须被视为一个特殊的观念、一种特定的文化产物和叙事。

如今，经过数字化，经过计算机、生物技术的生物过程和智能连接形式的协同作用之后，人的非持久、非客观境遇似乎更多地在信息里谋求趋势，而不是在上帝、动物、事物或环境里谋求这个趋势。这里的信息指的是代码、序列和各种有机和无机物表面的构成架构。

世界实体的质变过程证据确凿，数字化过程引起这样的质变，数

---

1. Serres, M. *Il mancino zoppo*, Torino,Bollati Boringhieri, 2016, p. 123.

字化把一切表面、一切事物和一切实体转化为代码和二元数据，引领我们去重新思考"人"的概念。在我们的时代，分布式生存的观念广泛流布，人不再是自我中心、界定分明的现实或受局限的现实，人的生存分布在数据和网络的流动里。分布式生存的观念增强了。

人与网络、数据关联，与跨有机性和跨物质性（transorganic and transubstantial properties）关联，这使我们能重新思考生物网络和生物体种种连接的维度。

科学家在前生物形态演化方面的研究清楚地表明，由于具有不断分解衰变结构的能力，每一个细胞都可以融入一个开放的信息系统和能量流。除了遗传特性外，生命及其发展也是在代谢过程中实现的。"对生命的新认识的关键洞察之一是，它确认生物形式和功能不是完全由遗传基质决定的现实，而是由一套表观遗传网络（epigenetic networks）自发生成的性质……细察新陈代谢时我们意识到，这些网络包含化学网络……同理，生态系统描绘的根据是食物链概念（有机体网络）；有机体被视为细胞、器官和有机系统的网络；细胞被视为分子的网络。系统论的主要洞见之一是这样的感知：网络形式是一切生命共同的形式。凡有生命处，皆有网络生。"[1]

从生物学观点看，我们是血肉之躯。躯干由骨架组成，骨骼周围有肌肉、肌腱和器官，它们通过血液循环网络维持功能，血流输送蛋白质和葡萄糖，通过毛细血管和动脉把信息送达全身。然而，我们又

---

1. Capra, F. *La scienza della vita: le connessioni nascoste tra la natura e gli esseri viventi.* Milano, Rizzzoli, 2014, p. 64.［弗里特乔夫·卡普拉（Fritjof Capra, 1939— ），奥地利裔美国物理学家，著有《物理学之道》《转折点》《生命之网》《不寻常的智慧》等。——译者注］

是环境、水分和复杂生态，通过呼吸系统、体表、肺脏和营养过程与外界联系。我们是独特的有机体，同时又是开放的有机体，由我们从"外界""外部"获取的元素（水分、蛋白质、氧气等）构成。

然而，除了生物和环境的维度外，我们还是智能体和神经的网络，神经网络接收刺激和信息，持续不断地要我们做出反应和回答。我们又是社会关系的网络；除了与环境和同辈的交互外，我们社会关系的网络拓展到了数据、算法和自动化神经智能网络（automated neural intelligence networks）。

此外，我们还是表观遗传网络。如此，在我们身上，亦如在一切生命体身上一样，相比结构、身份或个人态度，关系和交往的态度是更为重要的。"生命系统是自生网络，这个定义的意思是，生命现象必须被理解为整个系统的属性。用皮尔·路易斯（Pier Luigi Luisi）的话说，'生命不能归因于任何孤立的分子成分（甚至 DNA 或 RNA），只能归因于整个有边界的代谢网络（delimited metabolic network）'。"[1]

由此可见，我们从来就不仅仅是人。我们还是数据网络。我们不是既成的本真，而是处在变化的过程中，我们变成他者（others）。我们是发生的事件和可能性。我们既不是神，也不是人，不是动物，亦不是物。

---

1. Capra, F. *La scienza della vita: le connessioni nascoste tra la natura e gli esseri viventi.* Milano, Rizzzoli, 2014, p. 83.

第九章　在盖亚的网络里：从社会契约到自然契约

对复杂系统中物质和能量的流动的仔细研究，启发了伊利亚·普里高津[1]提出耗散结构理论（theory of dissipative structures）。该理论指明开放系统的结构，其结构远离平衡态，却始终维持稳定。从语言学观点看，"耗散结构"一语是矛盾修辞，这一表达形式组合两个对立的语词，表现现象复杂而矛盾的性质。耗散结构的特征是，冉冉浮现的特性，通过不稳定过程和"分岔"点的引进，它能够建构新秩序形式。正是在无序异态和交互生成的过程中，在平衡态生成的过程中，这些结构得以变化并自我转换。普里高津认为，耗散结构是一切生物体共有的结构。

---

1. 伊利亚·普里高津（Ilya Prigogine，1917—2003），比利时物理化学家，提出"耗散结构"理论，被誉为近现代物理学继牛顿和爱因斯坦之后的第三座丰碑，获1977年诺贝尔化学奖，著有《物理学之"道"》《确定性的终结》《从混沌到有序》《转折点》《生活的网》《不可逆过程热力学导论》《非平衡统计力学》《非平衡系统中的自组织》等。——译者注

思考数字公民身份时，一开始就要明白，西方社会理念主要假设局限性是什么；在社会构成和排他性的人的属性上，西方的社会理念是有局限的。换言之，这个理念兴起于希腊城邦，随后在西方广泛传播，甚至塑造了现代社会科学的概念。根据这一理念，社会由社群构成，由个体组合而成。这个预设导致政治关系概念扩散，使社会生态局限于思想论辩和公民的公开对抗。

18世纪的欧洲出现了靠契约生成的社会，其特点是世俗和理性世界的概念扩散开来；这样的世界概念以自由、平等和博爱为基础，排他性的拟人化社会属性始终居于首要地位，勾勒了宏大的叙事，千百年来一直是西方关系架构理念的特征。

在18世纪革命广场里聚集的法国公民是古老秩序和古典哲学基体的无意识产物，这个哲学传统能简化、限制和简化社会，将其想象为一个城市和政治生态，由人这个单一物种构成并居住其中。

尽管在哲学层面上，在海德格尔和尼采的著作中，能找出他们批评西方思想人本主义和假设的一些孤证。但一直要等到20世纪末，人与社会这个聚合的中心地位，这个聚集体仅由人组成的理念，才遭遇危机。直到洛夫洛克的发现和围绕他的盖亚假说展开的研究，西方的人与社会的理念才开始陷入危机。

这一切都始于由德国地质学家阿尔弗雷德·魏格纳（A. Wegener）提出的泛大陆（Pangea）论，由此，关于地球的另一个概念随即形成并传播开来，这就是大陆漂移学说。地壳板块的存在得到确认，地球构造理念也得到修正，大陆板块漂移，浮现的几大洲渐行渐远，地球被赋予一段历史。不仅如此，大陆板块沟通的维度被辨认出来，地质界、动物界和植物界的相互依存关系得到确认。若干世纪以来，大陆漂移导致气候的分化、新物种的诞生，生物多样性随之增加，地球新概念的发轫证据确凿。这个新概念强调地球演化的宏大叙事，生成渐进的分化，特点是互相依存和单一的运动。在这个历史过程中，一切实体无论有机体、动物、植物或矿物都以交互的面目出现，必须被视为盘古大陆共同历史的一部分；不仅是因为它们都发挥了积极的作用，而且更重要的是，它们对周围一切实体的变化和转换都产生了影响。

盘古大陆发现之后，地球上的有机体或表面再也不能被视为独立于其他存在的孤立现实。动物的能量供给依靠植物的光合作用。反过来，植物依靠动物排放的二氧化碳，依靠动物活动生成的氮气和细菌。如此，"我们的行星"再也不是一个高等智慧物种活动的地球球体，它成了一个动物、植物和微生物构成的无限关系的网络；通过它们的交往、交互和连接，维持着生物圈内生命所需的必备条件。

弗拉基米尔·沃尔纳德斯基[1] 率先研究生物圈，并于 1929 年出版了同名著作《生物圈》[2]，他对生物圈的定义是：一圈薄膜，40—60 千米厚，从海床延伸到平流层，生命在此生存和繁衍。

盖亚假说对生物圈概念的贡献和交互网络的进一步传播有关系。洛夫洛克的盖亚假说认为，除了动物、植物和微生物之间的网

---

1. 弗拉基米尔·沃尔纳德斯基 (Vladimir Vernadsky,1863—1945)，俄罗斯矿物学家和地球化学家，代表作为《生物圈》。——译者注

2. Vernadsky, V. *La biosfera*, Milano, Red Edizioni, 1993.

络外，矿物界和地质界也参与大气圈里适合生命条件的再生产，在维持气候稳定中发挥了重要的作用。

这一发现基于动物界、植物界和矿物界的相互依存关系，产生了一个令人难忘的篇章，它将永远改变地球的性质，将其从一个陆地的球体，即不同物种的栖息地，转变为一个活生生的交互的有机体。

气候变化、臭氧层空洞、荒漠化和干旱、森林的系统性破坏，都要求我们彻底改变行事方式。这种改变不仅局限于减少消费、采用可再生能源、发展循环经济等，更需要一个真正的哥白尼式的思想革命。

如果说西方人把世界分为动物、植物和矿物的三界，同时把自己放在金字塔塔尖，自认为是唯一的智慧生灵，能处置地球上现存的一切资源，那么，盖亚假说开启的视角就使我们不得不深刻反思这一思维模式。20世纪最富原创性的哲学家之一米歇尔·塞尔率先理解和提出这个问题，他提议对西方思想的基础范畴进行实质性的改变。这些改变之一是压制"环境"一词的使用："让我们忘掉不同学科里的'环境'一词。这个词的使用意味着我们人类处在万物系统的中心，万物被吸引在我们周围；我们是宇宙的肚脐，是自然界的主人和所有者。这使我们想起曾经把自己置于宇宙中心、反映我们自恋的那个时代，那样的人本主义鼓吹我们是万物的中心，或者是致其毁灭的动因……因此，改变走向、放弃笛卡尔提出的路径，实为必需……这是历史的岔路口：不灭绝，就共生。"[1]

1. Serres, M. *Le contrat naturel*, Ed. F. Bourin, Paris, 1990, p. 33.

米歇尔·塞尔批评西方思想对人与环境的分割，这使他走向对社会理念的拷问。他质疑社会是人的结合：

> 沉浸在排他性的社会契约里，政界人士签署它、改写它、遵守它，但仅仅是以公共关系和社会科学专家的身份行事……他们的言论只关注人，不谈论世界……社会契约忽略世界，不让世界发声；政客了解世界仅仅是因为他主宰世界……有必要回归自然。这就意味着在社会契约之外，还要达成一份与自然共生及互惠的契约结盟……这是一个共生契约。[1]

这位法国哲学家觉得，从社会契约到自然契约的过渡是政治语言的过渡，是从排他性人本语言到一种新语言的过渡，这种新语言包含世界万物的声音。

今天，传感器、物联网和数据流赋予万物发声的能力，让生物多样性和各种交互界面都可以发声，前所未有的对话由此展开，新型的生态学借以生成，人与非人的新型契约由此诞生了。

---

1. Serres, M. *Le contrat naturel*, Ed. F. Bourin, Paris, 1990, p. 34.

第十章 "物的议会"和非人者的权利

　　在生物免疫系统里，免疫系统本身容许基因异物元素进入体内，如器官移植甚至怀孕这样的情况。生物免疫系统本身并不是攻击性的机制。将其描绘为封闭系统的是对它的政治军事层面的解读：生物免疫系统对外界怀有敌意。但正如最新的先进科学理论，也可将其解读为过滤器或对外界的探测器。

　　　　　　　　　　　　　　　　　——罗伯托·埃斯波西托[1]

　　我们生活的时代类似哥白尼和伽利略身处的时代。我们有幸生活在一个大变革的时代，不仅我们的思想和观点在变，宇宙的整个架构也在变。面对这样的变革，我们并没有现成理论或全套观念指

1. 罗伯托·埃斯波西托（Roberto Esposito, 1950— ），意大利哲学家，提出"共同体""免疫""人格"等概念，著有《非政治的范畴》《共同体：共同体的起源和命运》《免疫：生命的保护与否定》《生命：生命政治与哲学》《人与物：从身体的视点出发》《创立思想：政治本体论的三种范式》等。——译者注

导我们如何在陌生海域航行。

西方法系遵循人类中心的思想，将人类视为"法律视角下"（*sub specie iuris*）的唯一法律主体。在这种法律形式下，自然人（biological person）一降生就获得了合法身份，自动进入权利和义务的架构，从这一刻起，这个架构就把自然人塑造为一个个体和公民。

如何才能构想出一种新的法制，将人的主体性和条件拓展到非人的存在物呢？

又该如何描绘一种新的社会，使之不再局限于公民，而是拓展到数据、代码和人工智能，并通过传感器，涵盖森林、气候与河流呢？

这就需要在观念上做出努力。唯有通过研究，逐渐创建一套新词汇和新法制才足以描绘这个新世界。

米歇尔·塞尔的学生布鲁诺·拉图尔是行动者网络理论（Actor-Network Theory，ANT）的创建者之一。他提议从维度的外延和非人的内涵着手去完成社会思想的观念转化："我们现在有关人及其利益、人的主体性、人权的讨论过分简单；不出几年，这样的努力就会显得相当陌生，就像过去曾经长期限制奴隶、穷人和妇女的选举权的做法使我们今天的人觉得很奇怪一样。"[1]

新生态的敏感性、有机产品消费的普及、替代能源的研究、再生资源的推广，这一切都是我们生活状况深刻变化的表现。仅仅几

1. Latour, B. *Nous n'avons jamais été modernes*, Paris, La Découverte, 1991, p.49.

年之内，我们的生活就从政治、民族和地理的维度转向了互联性和生物圈的形态。

这种新文化的推广和地理运动及"绿色政策"没有多大的关系。相反，它更像是连接式生态（connected ecologies）的产物，兴起于物联网和最新的连接形式。这种交互由数据网络、传感器和地理信息系统生成，使一个新的网络逻辑扩散；这个网络逻辑引领我们自发地把自己的行为和日常的出行方式与气候变化联系起来，与热带雨林的砍伐和日常呼吸的空气中的有毒物质含量联系在一起。尽管这一逻辑没有考虑变化过程的信息量和数字特性，但是拉图尔把这种网状的复杂生态描绘为一种新型的共存和连接的新思想，并将其称为"物的议会"（parliament of things）：

> 在"物的议会"里，集体的连续性得以重构。不再有赤裸的真相，不再有赤裸的公民。中介者决定所有的空间。灯光最终找到自己的位置。自然在场，那是通过它的代表在场；科学家代表自然说话。社会在场，但那是通过一直支持它的客体在场。社会的一个中介者议论臭氧层的空洞，那并不重要，因为另一个中介者代表化学公司，第三个中介者代表化工业，第四个中介者代表选民，第五个中介者代表极地气象学，第六个中介者以国家的名义。这一切无关紧要，重要的是我们谈论的是相同的事情，就是说，代表们说的是他们共同创造的东西，这一客体－话语－自然－社会的新属性使人人吃惊，它的网络通过化工、法律、国家、经济和卫星从我们的冰箱延伸到南极。

那些不曾有一席之地的网络如今全都有自己的位置了。这些网络需要有自己的代表；从现在起，"物的议会"将围绕这些网络来构建。[1]

厄瓜多尔 2008 年的新宪法赋予"大地母亲"（Pacha Moma，指土地）法律实体的地位，承认土地有权享受"为生存而不可或缺的尊严，为维持并振兴自身的生命周期、结构、功能和演化过程而应该享受的尊严"[2]。

1. Latour, B. *Nous n'avons jamais été modernes*, Paris, La Découverte, 1991, p.49.

2.《厄瓜多尔宪法》第 71 条。

数字公民：智能网络时代的治理重构

第十一章 寰宇政治：无主体或客体的 公民身份

我们谈论社会时，我们有多少"人"？我们又是谁？

——布鲁诺·拉图尔

网状基础设施的生成和实施使人数字化，将人与生物多样性、器物、数据智能连接起来，使特别类型的交互成为可能，这样的交互范围远超社会网络，决定性地提出了社会形态及其架构的问题。

数字公民理念主张的基础是超越西方的社会模式。布鲁诺·拉图尔设想，社会的新架构是议会式集聚，是人类中介者和非人类的代言者之间的议会关系。与之不同的是，数字公民身份的基础是跨有机的、无中介的交互关系。在信息－物质网络生态的架构里，森林、河流、气候、北极熊通过传感器和数据得到发声的机会，超越了人类代言者的中介功能。这一关系不需要技术中介的意义，也就是说，它不需要分割自然与技术的典型的媒介逻辑，不考虑中介过程跨物质性维度。一旦连接起来并化为数据，森林、北极熊、河流就面目全非、今非昔比。它们不再是变了"天性"的生物有机体：它们延伸到了信息的维度，这个维度不会使它们成为虚拟的东西即非物质的东西，而是成了信息 - 有机实体（info-organic entities）。

近年来在若干场合，我曾好奇地与一些美洲印第安部落邂逅，他们在巴西乡间栖息。我的兴趣不是出于人类学目的。我从不认同人类学家的那种做法。他们有学科研究的合法目的，他们的美洲印第安人研究一定要出具学术报告，要记录一种工具方法，把文化的邂逅简化为受特定目的推动并提交报告的过程：分类并记叙一个族群的社会特征，描绘其构成、信仰、用途和习俗，分类描绘其生活方式，分析其社会关系。"他者"被化解为研究对象，这是欧洲语境下实证主义和殖民主义的做法；在这样的语境下，民族志学科变成复制工具关系的矢量。人类学家像勘探者一样勇闯偏远的密林和地理语境，带着精准的目的和使命：带回一笔"资本"。但人类学家又不像寻宝者，他们带回的"资本"没有很高的商业价值，只是在他们的文化语境里有很高的专业价值。与此相关的是，他们获得学术资格，这有利于获得社会认可、推动职业发展，开启学术或教职生涯。我的选择和人类学家截然不同。

我与美洲印第安文化的接触从不遵循记录现场日记的逻辑，而是遵循友谊平等的伙伴关系逻辑。这一选择给我提供独特的经验，在我个人成长和研究的路子上留下印记。在这些印记中，我清楚记得克拉霍族（Kraho）年长的萨满阿莱索给我介绍村子的情况，他们的村子位于托坎廷斯州（Tocantins）。他说："除了男人、女人、儿童、老人外，我们去世的亲属、鬼魂、河流、树木、蛇虫、美洲豹、鸟儿都在村子里生活……"我记得他滔滔不绝说了几分钟，列举了诸多实体，包括一个会讲故事的斧头形状的石头。克拉霍人的社会理念不同于希腊人。他们不栖息在城邦里（那样的空间里只有人），他们也不居住在国家。他们栖息在与森林网络连为一体的复杂系统里。

我记得，我当时立即明白他们这一社会概念的极端重要性，禁不住将其与我在大学里攻读的社会学经典中的社会概念进行比较。相比老萨满讲述的那番话，马克思·韦伯[1]、涂尔干[2]和帕森斯[3]看上去失之过简，这些社会学家把世界圈定在人的环境及其需求中了。

自此，我一直努力寻找能描绘这种非社会学类型的交互复杂性（interaction complexity）。

我发现的第一层意义寓于寰宇政治的概念中，这是化学家和科学哲学家伊莎贝拉·斯唐热理想化的概念，她是伊利亚·普里高津的高足。她用这个概念描绘超复杂语境下不同实体的交互。

在美洲印第安人生态复杂性的描绘中，我看到了对寰宇政治很到位的解释，人类学家维韦罗斯·卡斯特罗（E. Viveiros de Castro）做了这样的说明："土著美洲民族志包含的宝藏可以和世界主义理

---

1. 马克斯·韦伯（Max Weber，1864—1920），德国社会学家、政治经济学家，社会学奠基人之一，著有《教新伦理与资本主义精神》《经济与社会》《社会学的基本概念》《中国的宗教·宗教与世界》等。——译者注
2. 埃米尔·涂尔干（Emile Durkheim，1858—1917），法国实证主义哲学家，社会学创始人之一，著有《社会分工论》《社会学方法的准则》《道德教育》《宗教生活的基本形式》等。——译者注
3. 帕森斯（Talcott Parsons，1902—1979），美国社会学家，创建社会行为学说和结构—功能主义学派，著有《社会行动的结构》《现代社会的体系》等。——译者注

论（cosmopolitan theory）联系起来；这一理论想象，宇宙的栖息者包括各种不同的或孤悬的行为体，比如人或非人、神灵、动物、亡者、植物、天象，还包括物件和人造物，他们都拥有一套同样基本的品性：感知、口味和认知倾向，换言之，它们都拥有类似的灵魂。"[1]

维韦罗斯·卡斯特罗认为，一些美洲印第安部落里有一种关系生态，他称之为多元自然主义（multinaturalism）。这种生态关系超乎社会科学提出的自然与文化的区分，超越了文化研究里典型的多元文化主义（multiculturalism）观念。根据这些印第安部落的观念，一个单一的文化把不同的实体聚合为一，这些实体（动物、人、植物等）栖居在森林里。多元的自然物化在不同的身体和形态里，但它们的文化是相同的。

西方人的世界观，即孕育现代科学的那种观念，是基于对现实的分割，其中的每一部分和每一成员（人、技术、环境、动物和植物）都表征一个具体的维度，每一维度都有自己的特征和性能。

几十年来，科学创新的进步使现代的世界观念出现了问题，生成了一些混杂的观念，使事实和人造物的分割不再恰当。伊莎贝拉·斯唐热将技术科学实验室定义为生产"新事物的工厂"（factories of new things），其孕育着一个混杂的世界（hybrid worlds）；在混杂世界里，人与技术、观察工具、数据和物质交互运动并相互转换。对她而言，这种复杂性的混合和实验的性质预设一个清晰的政治属

---

1. Viveiros de Castro, E. *Metafísicas canibais, Ubu Editora, São Paulo*, 2004, pp. 87-88.

性，与西方传统政治的意思略有不同的属性。实际上，这个意义不是"人的作为"（human doing），换言之，不是主体在先行理念或特别理论的启示下加诸外部世界的行为。相反，这种交互复杂性的政治意义和"实践生态"（ecologies of practice）有关系；在这里，根据实验逻辑，意义是在实验后赋予的。毫无疑问，纳米技术、生物技术、不同智能的连接对我们提出了政治问题，但这些问题和传统的政治意识形态几乎没有关系，根本就不能追溯到那些意识形态。因此，寰宇政治的维度采取了新型交互生态的形式和"治理"（governance）的形式。"实践生态"的逻辑改变了政治理念，将其视为研究的结项和主体的事功，把政治理念转变为关系和变化的复杂生态；那是事毕才能界定和确认的关系和变化。"实践生态"的逻辑迥然不同，和基于代表和审议的选举过程相去甚远，这个逻辑更接近于建立人与非人交互实践的复杂生态。根据斯唐热的解释，在cosmopolitics（寰宇政治）一词里，cosmo 在前，politics 在后，表示这个过程的无限可能性："cosmo 不对应任何传统，不暗示任何需求，它提出了诸多问题：不分等级而共存的可能形式的问题，一套非对等发明的问题，价值和义务的问题；构成寰宇政治的诸多相互纠缠的存在由此而得到确认。寰宇政治的诸多存在整合一体，整合的方式却令人不安；实践生态问题……寰宇政治是一个猜度性的概念。"[1]

　　作为一个猜度性的概念，寰宇政治可能会起到激励的作用，使

1. Stengers, I. *Cosmopolitiche*, Sassella Editore, Roma, 2005, p.234.

公民身份的新概念更加细化。这个新概念不再被理解为一套人的权利、义务和实践，而是被视为一种复杂性和交互架构的实现。这个新概念更多的是单一孤立存在（a single isolated being）的行为表现，这种存在既不是完全由主体组成的社会的一部分，也不是完全由客体组成的自然的一部分。

第十二章　行动者网络

在一个政治生态里，谁知情，谁说话，谁决策？如今我们知道答案了：不是自然，不是人，而是紧密铰接的存在物，是人与非人的组合。

——布鲁诺·拉图尔

毫无疑问，联合国组织的几届世界气候峰会构成了一个历史参照点、一个范式转变，是从启蒙运动时期的政治理念（基于社会契约，把政治行为限定于人）到另一种契约性（contractuality）关系的过渡，新型的契约关系把行为和公民身份延伸到能源和非人实体（植物、气候、水源等）。历史上第一次，在巴黎举办的联合国气候变化大会之后，人类社会制定了一套有约束力的规定，为自己定下目标和标准，以避免气温上升。除了良好的意愿，这一峰会首次建立了核查体系和控制形式，规定了对不遵守协定的国家、企业和实体实施的制裁措施。

就这样，一种新型的全球议会（planetary parliament）诞生了，议员不仅有世界各国的政府代表、科学家和主要经济者，而且有森林、气候、排放量、数据和能够监测和测数据的传感器。这些不同的实体应召会商：人，通过分析和倡议参与；生物多样性，基于传感器和物联网发声；算法和气候，通过数据处理；全球议会的目标是谋求可持续的契约，这些契约要能够遏制由破坏性的消费和发展模式造成的温室气体排放带来的损害。

人与非人的新型交互架构在复杂网络中相互连接，形成由代码、软件、数据库、生物多样性和人类共同构成的超有机纠缠体。这不仅是单一网络，而是一整套网络，直接把气候、城市会议、商务计划、政府财政政策、社区业主大会和我们的冰箱运行模式、购物方式、出行方式相联系。

布鲁诺·拉图尔、米歇尔·卡龙（Michel Callon）和约翰·劳（J. Law）创立行动者网络理论，他们提议重新思考社会的概念，用一种连接的形式替代社会的组织结构矩阵。受加布里埃尔·塔尔德[1]微观社会学启发，在恩师米歇尔·塞尔的影响下，拉图尔提出的行动者网络理论不再是系统的概念，而是关联概念（associative notion），超越了连贯整体的概念。该概念呈现出并非连贯的成长的形式，这样的形式处在不断聚合和离散的过程中。和这一设想一

---

1. 加布里埃尔·塔尔德（Gabriel Tarde，1843—1904），法国社会学三大创始人之一，著有《比较犯罪学》《模仿律》《刑法哲学》《社会逻辑》《社会规律》《刑罚和社会研究》《权利的变迁》《普遍的对立》《经济心理学》《学习与社会》《社会学纲要》《社会心理学研究》《舆论与群众》等。——译者注

致，社会不再表现为整合一致的结构，而是具有不确定性的场所：群体的性质、行动的性质、对象的性质、事实的性质都不确定。[1]

社会走向不确定性场域，行动者网络理论的创立者因此而重新界定交互的形式和性质。他们的出发点是美国加利福尼亚州一些实验室民族志研究的结果，这些结果是科学知识的生产过程的研究结果。在拉图尔的笔下，实验室的科学实践是一个复杂的社会过程，与一个网络关联，这个网络由科学家、观测仪器和技术、数据资料、学术期刊、国内外科学共同体、助资机构等构成。这是一个网络和关系纠缠的网络，其中的人类与非人类以各种方式相聚，共同推动科学和创新发展。按照拉图尔的分析，诸如此类的交互最终构成和塑造了科学生产的社会性。

因此，关联性（associative quality）成为社会和"网络形式"的典型特征。这个聚合和新兴的"网络形式"取代了系统和静态的"社会形式"概念。基于这些研究，一个能推广到一切聚合维度的概念被提出来了。

行动者网络理论描绘的聚合网络（aggregative networks）由不同的实体组成。聚合网络克服了系统的和拟人的社会概念，遮蔽了主体核心的观念，让人的主体乃唯一主角的观念消于无形。在聚合网络里，主体不再界定自己的行为，因为行为发生在网络环境里。在这里面，每一行为都必然会被替代，都建立在不同实体交互的合作之上。拉图尔提议用"行为体"（actant）替代行动者主体（actor-

1. Latour, B. *Reagregando o social*, Salvador, Ed. UFBA, 2016.

subject）；按照传统的想象，行动者主体是理性的主体，为自己的行为负责。"行为体"的灵感来自 A.J. 格雷马斯[1]的启发，格雷马斯用其指代无论是否为人类，只要其介入并促成某一行动的任何类型的实体。"物的议会"里没有孤立的行为体，而且每个行为体都受其他行为体影响而行动，因为它们都因纽带和网络而紧密关联。在关联网络语境里，拉图尔说："根据定义，行动总是要被替代的。行为总是要被借用、分配、暗示、影响、支配、背离、转换的。我们说行动者是行动者网络的一员，更确切地说那是为了澄清，它代表着行为不确定性的主要源头。"[2]

二氧化碳排放、森林、湖泊、海洋温度、算法、信息、个体与其说它们是某一行动的发动者行为的源头，不如说是与其他因素共同促成了行动。

因此，行动者网络里的两个词之间之所以用了连接符，那是为了说明：网络内的每个主体不仅不能独立行动，而且其本身又是由复杂的交互网络形成的。

如此，亚里士多德式政治动物，即主体和行为人栖居者在城邦架构和拟人化社会的观念被行动者网络取而代之，这个网络由一套聚合的实体组成，它们共同栖息并融入网状生态中。

---

1. 格雷马斯（A. J. Greimas，1917—1992），法国结构主义语言学家、符号学家，著有《结构语义学》《论意义》《符号学词典》等。——译者注
2. Latour, B. *Reagregando o social*, Salvador, Ed. UFBA, 2016.

第十三章　从公民到信息个体

你即你的数据。

——唐·泰普斯科特

　　圣丹尼斯（Saint Denis）是守护巴黎的圣人，天主教圣像传统将圣丹尼斯的形象描绘为手捧自己的头颅。广为人知的传说是，圣丹尼斯在公元 2 世纪被斩首之后，他手捧自己的头颅登上殉道山，将其奉献给罗马贵族卡图拉。受米歇尔·塞尔提议的形象启示，阿尔贝托·阿布鲁泽塞（Alberto Abruzzese）不久前在脸书的一个帖子上提了这样一个问题："我们端坐在电脑屏幕前，是不是也像圣丹尼斯那样手捧自己的头颅？"

　　除了不同实体的网络交互和交互生态的建设之外，数字化过程还有另一层意思：围绕人的概念和人的理念的重新定义，一场有益的批判性探讨已然开启。

　　20 世纪 90 年代和 21 世纪初，围绕赛博格、后人类和超人类主义（transhumanism）的论辩遍及全球，参与者众多，哲学家、工程师、通信学家、神经科学家、社会学家和人类学家都积极参与，几乎一切知识门类都已涉及，产生的结果是对人本主义有益的重新思考，也就是对西方干预人的叙事的重新思考。

大流行病、气候变化、盖亚的交互生态、无穷的数字交互、我们在数据网络里的生活——这一切都清楚证明，只用欧洲人本主义的主观语汇来描绘我们自己的境遇，再也不可能了。

我们从昔日的世界中心，变成了网络的、依附性的实体和广大网络的组成部分了。

事实上，我们正面对栖居条件的双重变化。一方面，我们变成所谓盖亚的交互有机体，另一方面，我们和数据网络和无穷的信息流连接，它们把我们转化为有别于个体和物质的实体。

如今，每一个物理人和生物人都对应一个数字人，数字人是与其相似的数据组成的人。有一套信息是我们自发传到网上的；许多情况下，这套信息都是看得见的，我们都知道。此外在很多情况下，我们送到网上的其他数据多半是看不见的，并不为我们所知。这类数据是他人（公共的和私人的实体）生产的，或者是由软件记录的，与我们的线上活动和交互有关系。

在这个由生物数据网和数字交互组成的复杂而多元的语境里，行为意味着连接。进行任何日常活动，如上班、买书、预订行程、参加公共论辩，我们都在利用数字数据和互联网上的信息。

物理人和数字人都是真实的、活跃的、连接的。它们绝不是一分为二的，只是不同的范围而已；物理人由肌肉骨骼、细胞网络和微生物组成，数字人由数字数据组成。这个数字人不仅不是分离的，而且构成一个单体（unicum），一个交互和混合维度的复合体。

与此同时，这个数字人复合体目睹我们受拘束的有限的状况，我们在生物学意义上被身体圈定了。同时矛盾的是，我们又不受拘束而且在不断变化中，因为我们与一套数据和交互网络连接在一起。

细究之下我们看到，人类境遇的多元性——其复杂的物质和虚拟组合——以及个体并不能简化为只剩下肉身主体的性质，并不是全新的东西。通观历史，在不同语境和意义下，我们可以发现一些前瞻性的痕迹。希腊和中世纪的基督教哲学家总是把人描绘为灵肉不可分割的集合体。肉体受制于此世界的自然律。灵魂服从神界，受制于彼世界的规则（救恩经济）。不同于柏拉图身体（自然世界）和灵魂（形而上世界）分割的理念，托马斯·阿奎那把人界定为"神祈物"（signed matter），即不可分割的人神统一体；同时他又认为，人类似于基督形象的多元身份，天主教教义认定，基督有二元性，是"真人和真神"。

和基督教哲学传统的定义相仿，人的数字和肉体两个领域不可分割，相互影响，它们生成连续不断的交互变化。因此，这两个领域的关系是复杂的。原本与副本、物质和虚拟、自然和人为等任何自相矛盾的类比都不合适。而且同样的道理，如果认为数字人只不过是物理人和物质人的简单延伸，那样的理解就失之过简了。数字人不仅是物理人的影子。我们必须要再进一步推进我们的思维和想象。我创造了"信息个体"（infovidual）一词，借以表达我们多元处境的多元共生性质，以及我们生物、物质 – 物理和信息等不同维度之间的连接性。信息个体是多元而复杂的实体，由不同类型的网络组成：生物网络、神经网络、细胞网络、组织网络、关系和社交网络（面对面的和数字的）、数字数据网络（大数据、个人数据、关系数据等）。

在《数字公民身份宣言书》里[1]，个体从法律和社会行为者主体走向信息个体那一段是这样描绘的：

> 数字公民身份提倡用信息个体取代亚里士多德式的政治主体：生成既非主体亦非客体的复杂智能网络，但这样的取代以连接、开放和突变的方式进行。
>
> 信息个体是物理人和数字人里不可分割的一部分，物理人是有机体，数字人的构造成分是整套的线上数据和数字档案。
>
> 信息个体与设备、平台和数字架构连接，在与其交互中，信息个体在物理空间的参与延伸至比特。
>
> 信息个体有个体意识（individual conscious），还承载数字无意识（digital unconscious），数字无意识靠网络数据的积累形成；网络数据可存取，有潜在可控性。
>
> 网络数据的存取、保护和权利的协调必须遵守透明的逻辑。信息个体对权利和责任的宣示必须包括两个方面：个体控制和使用自己数据的权力，公共机构自由获取数据的权力。

---

1. 详见本书附录《数字公民身份宣言书》。

德里克·德克霍夫[1]提出数字无意识（digital unconscious）的概念，他指的是网上的数据和组成数字个体的数据。除此之外，科西莫·亚卡托提出的数字个体叙事也十分有趣。他把我们的数字身份分解为生物特征数据、社会计量数据和生态统计数据。这就把数字身份描绘成三位一体的数据，于是数字人就可以作用于个体，改变其特征，创造新意义和感知，以生成一个前所未有的版本。比如，有了线上访问的生物特征数据，我们就有了获悉健康和身体的新方式；我们通过智能手机的数据管理（血压、心率、体温、饮食等）来监测健康状况。同理，社会计量数据使我们知晓和分析接触者的社会关系、社交动态甚至政治思想。

最后，生态统计数据描绘生态维度以及数字人与环境信息之间的关系。比如，访问环境数据的权利使人能获取公共资源的重要数据：某地的空气质量和二氧化碳含量、水质、森林的健康程度、商品的原产地、容器或材料的生物降解信息等。这是前所未有的情况，在现有的个人权利之外，还必须要新增一套前所未有的数字权利，比如个人隐私权、获取公共行政数据的权利、数据的遗忘权、匿名权、所有权等。

因此，数字公民身份就如不断变化的网络，绝不会是一成不变的。数字公民、数字人和数字个体的"网络形式"不是一个给定

---

1. 德里克·德克霍夫（Derrick de Kerckhove），多伦多大学法语教授、传播学媒介环境学派第二代代表人物，著有《文化的肌肤：半个世纪的技术变革和文化变迁》《麦克卢汉经理人手册：新思维的新工具》《大脑的结构：技术、心灵与商务》《字母与大脑：写作的偏侧化》《个人数字孪生体》等。——译者注

的身份，也不仅仅是某一机制赋予的状态，而是一种交互的多元形式，它需要在管理数据流的过程中不断建构。如同网络里的过程一样，这是一个分布式结构（distributed structure，伊利亚·普里高津语），部分由第三方提供的、建构的，部分由我们每个人在管理自身数据时独立加工。

因此，数字公民并不是现代政治主体和社会行为人增强的影子，社会行为人的活动受当下的法律的管理和制约。网络的数字架构引领我们尝试新的实践和参与形式。这样的建构既是连接的又是无处不在的，既是个体的又是集体的，既是自主的又是合作的，既是公共的又是私密的，既是物质的又是信息的。这样的现实邀请我们去迎接挑战、做出解释，为此，我们需要一种新的语言，方能把握并思考网络连接的一切非人元素与活跃实体的公民身份。

信息个体不仅是一个新的法律主体，而且是一个复杂的交互网络，我们栖居在交互网络里，这个交互网络构成我们的多元人格。有必要重新思考超乎信息个体主观维度的法定机构，克服法律行为人规范身份的主观人局限。不但有必要为信息个体建设另一种权利，而且有必要为信息健康、信息教育、信息消费和信息参与建设另一种权利。

第十四章　算法公民身份

> 大数据重振了自然科学的工具客观性理念，但这次无须实验室，因为世界本身就是实验室，可以直接计量和计算。其目标是尽可能以详尽、谨慎而非常微妙的方式，准确地计量现实。
>
> ——多米尼克·卡尔顿[1]

统计工具不只是描绘社会的一种技术，而且常常被用作社会秩序和治理的资源，也就是常常作为一种提出或证明国家政策和战略的工具。长期以来，数据生产和社会的形象塑造几乎完全是由专家进行的。他们用抽样技术和数学计算建构现实，许多情况下直接受政界人士和公共管理者的要求进行。经济、社会、人口统计的"数

---

1. 多米尼克·卡尔顿（Dominique Cardon），法国社会学家，著有《媒介行动主义者》《算法在梦见什么？》《什么是数字劳动？》《数字方法：数字数据的质/量研究法》等。——译者注

字影像"，与其说是理解复杂情况的启发式方法，倒不如说它常常变成了权力的工具，其目的是引导大众为不得人心的政策辩护。

最新一代的连接架构（物联网、大数据、万物互联网）产生以后，数字网络开始自主生成无限量的各种数据。我们的对话、手机短信、网购记录和研究，我们共享的连接，传感器生成和上传的数据，街道、塔尖、空中无处不在的传感器，都能生成大气因子、城市交通的信息，以及我们购买的图书、电影和音乐等商品质量和性能的各种各样的信息，等等。有了这一切之后，万物、万面、万相都被转化为生成数据的媒介了。

这些海量数据名曰大数据，它与人脑无法计算的海量数据有关，其计量单位是太字节、拍字节、艾字节、泽字节和尧字节。唯有通过软件和算法的中介，才能处理海量数据。如果说软件是带有功能的信息架构，如马诺维奇所言[1]，它们以工具的面貌呈现在我们面前，而我们通过软件访问世界，那么我们就可以说，算法就是执行信息、解决问题的指令。

人们常常把算法功能比作厨房食谱，将其界定为一串程序，以求获得结果和达成目标：烤制蛋糕或提取信息。像制作蛋糕的食谱步骤顺序一样，算法提供序列的程序，逐步按等级组织、选择和分类数据，使我们获取具体的信息。

机器学习技术基于关联、组织和自动化数据分析，正在逐步取代统计学家的工作。

1. Manovich, L. *Software Culture*, Edizioni Olivares, Milano, 2010.

从每天的报纸新闻到线上搜索，从城市交通数据、健康数据，到气候数据、资金流数据，再到社会关系数据，世界的各个领域都在逐渐呈现出算法的形态。一旦获得了数字格式，我们现实的各个方面都成为一个数据库了。数据库不像古旧的纸质档案，它不是简单的"容器"，而是一个活生生的架构，能独立学习和生成新的数据。因此它不是简单的文档。通过软件和算法，数据库网络自动生成数据，把无限量的信息序列关联起来或对其排序。

算法是序列计算程序，使我们能获取数据库的海量信息，并获悉世界的复杂性："算法是一种明确的计算程序，能用有限的规则加以描述，经过有限的运算得出结果……因此，计算机算法是一组指令，用于运算或解决问题。"[1]

算法替代了人类生产信息的工作，使我们能更快、更谨慎地决策，它们实时执行、搜索和挑选数据的行为，替代了我们曾经的工作。但除了获取海量信息之外，算法还可以预测我们的选择，算法某种程度上是新型的预言，因为它们能预测我们现在和未来的行为。

"因此，推动社会发展的第二种动力是名曰算法的计算程序的发展，算法为计算机提供数学指令去分类、处理、聚合并呈现信息……从日益惊人的数据（出行轨迹、收据、互联网点击量、电子消费记录、平板电脑上的阅读时长、计步器记录的步数），算法在

---

1. Pireddu, M. *Algoritmi*, Rimini, Luca Sossella Editore, 2017, p. 42.

给世界编码、对世界分类并预测我们的未来。"[1]

在我们连接式的社会里，一切都可以计量和量化。我们的身体表现、音乐爱好、人际关系、评论、金融交易和各种各样的活动——全都成了数据。

于是，一切东西和各种东西的排名和分类应运而生。今天，我们的大学、公共政策、公众人物受欢迎的程度、饭店、旅馆和海滩全都有了评价系统，有了衡量其受欢迎程度和声誉的标尺。

如此，自动的数字计算形式替代了传统统计数据和人工数据生成方式，这样的计算形式赋予数字信息一个新的公共维度，并能开发出新的功能。

亦如往常，事情总有另一面。评价系统不仅关系到个人，同时还关系到公共服务、政界人士、法案、政府预算以及任何类型的实体或机构。换言之，算法和数据库使我们迅速进入计算的世界。在这里，排名、数字资料构成我们生活和认识社会的架构。评价是全方位的，因此它不仅和公民的行为有关系；在这个新的语境下，一切公私实体也可以用类似的指标评估，都要受到永久性公共评判。基于数据的信誉评级不应该被视为单边的现实情况，因而它既是控制公民的方式，又反过来成为公民控制政府和机构的工具，信誉评级呈现出精简的方式，以及跨越数字界限的途径。在数据世界里，没有人能逃脱排位和指数文化。穷人和失业者、工人和大公司、小业主和跨国企业、公民和政客、选民和政府官员、学生和老

1. Cardon, D. *À quoi revent les algorithmes*, Paris, Ed. Seuil, 2015, pp. 92-93.

师、消费者和生产者、读者和作者都受到数字数据的公开评价，无一例外。

值得记住的是，我们参加教义式问答时，学会根据精准的分类来评判自己的行为：小过错、针对他人的过错、对神的不敬、严重的罪过和致命的过错。算法之外总会有另一种算法。

第十五章　平民主义：算法的政治形式

　　五十年后，我们的孙辈将把我们视为基于国家组织形式的最后一代人，有点像我们今天对亚马孙部落的看法一样。也就是说，我们会成为最后一批史前无国家社会的例子。

——卢西亚诺·弗洛里迪[1]

　　目前尚无关于平民主义（populism）的政治理论。学者、资深知识分子、政治领袖、新闻记者和电视人物展开活跃的公开辩论，鉴别平民主义精神里的新危险——对民主及和平生活的新危险。他们是柏拉图主义者奥尔特加·伊·加塞特[2]名副其实的继承人。他

1. 卢西亚诺·弗洛里迪（Luciano Floridi），意大利信息哲学家，如《什么是信息哲学？》《信息哲学的若干问题》《怀疑论及认识论的基础》《信息哲学》等。——译者注
2. 奥尔特加·伊·加塞特（José Ortega y Gasset，1883—1955），西班牙文学家、哲学家，著有《艺术的去人性化》《语言的本质》《大众的反叛》《自我沉思与自我疏离》《概念与信念》《技术论》《世界史诠释》《哲学的起源》等。——译者注

们推出的自我形象是高唱 19 世纪歌剧院经典咏叹调的人。在那里，"优秀人物"，即那些受过教育的人，而不是打工者、失业者或饥饿者，喜欢在礼拜天聚会，去展示女士们精致的生活习惯和珠宝，去听那些烂熟于胸的传统副歌："剧场政治""大众的反叛""社会的控制""自动化的威胁"，等等。

在罗马举行的一次研讨会上，人们议论欧洲民主国家平民主义起起伏伏的态势。会议过半，主要的讲演完毕后，听众里的一位中年人站起来问："请原谅，请问我们在谈什么呀？"

倘若大学里还有社会学家和政治学家对这个主题感兴趣，他们会致力于对政治学说的细致分析，能深入研究精确界定以下分界线的新鲜表述：平民主义和民主、政策专家与更高意愿之间的分界线。也许，他们也可以参考主要历史先例：罗马平民脱离城市的抗议运动，或亚里士多德的治理模式三分法（寡头一人统治，贵族精英统治，民主多数人统治）。然而我怀疑，即使学者们潜心研究，他们也解决不了那个困境。以下这条线也许是另一个困境。

在《算法在梦见什么？》（*What Do the Algorithms Dream About?*）一书中，多米尼克·卡尔顿分辨四大数据家族，分别对应四大类数字信息。因此可以根据以下特征区分数据：流行度、权威性、知名度和预测性。第一种计算法计量网站的公众可达性及其流行度，比如计算点击量，第二种计算法的重点则是计量网站的超文本链接，也就是社区赋予网站的权威性。与此相反，由于互联网上一套新生成的度量系统，第三种计算法能够深化权威性的计量，集中分析网上评论的内容和一般的内容。但毫无疑问，第四种计算法才是最有效、影响最大的，因为它和预测相关，改变着我们和数据的关系。第四种计算法基于机器学习，尽可能搜集互联网用户的信息，以确认他们的习惯、行为和欲望："新的大数据算法的设计师确保，只能信赖个人的实际行为，不能信赖在社交媒体平台上夸耀自己能做什么的个人。"[1]

卡尔顿解释说，这种计算法之所以可能实现，那是由于第三方 cookies（第三方小型文本文件，有别于其前身第一方 cookies）是数据网络的一部分；数据网络内部不再与一个桌面出版应用软件关联，而是和数以百万计的出版软件相关联。"你把广告的部分或全部提交给一个广告网络时，网站就授权这个广告网络利用互联网用户的浏览信息，这个网站就成为浏览器里引进 cookies 的一个木马；而且，这个网站还授权一切与之相连的所有网站利用这些信息。这个 cookie 从局地 bug（程序漏洞）变成无处不在的一个间谍。"[2]

事情就是这样，每当我们进入一个喜欢的网站时，我们的数据不仅传遍世界各地数以百计的其他网站，而且我们就成了该网络的一部分，这个网络在观察和分类我们的行为以及我们上网的习惯。

这是一种新型的数字监狱吗？数字监狱的隐喻自然而然蹦出来，可惜它并不能充分说明问题。大多数情况下，有关我们个人的信息（年龄、性别、教育、收入等）并没有被记录和整理起来；绝大多数的信息与我们的上网浏览（"追踪互联网用户"）有关。换言

---

1. Cardon, D. *À quoi revent les algorithmes*, Paris, Ed. Seuil, 2015, p. 61.
2. Ibid，p. 83。

之，绝大多数的信息指的是我们的在线流量，以及我们在线交互留下的痕迹。至于这些交互的背后是人或者机器人，其实并不重要。而这些交互背后是一个人还是几个人，并不总是可以验证的。预测计算技术的兴趣焦点是数据，不是人。我们诞生并生活在信息构成的世界里，在这里，每个实体，无论人、动物或物件都是由一套数据组成的，都与这套数据耦合。

我们看到，这是世界、社会、营销和传播策略的结构性转化。这样的策略不像大众广告和消费社会那样诱导和影响消费者、劝说其购物，而是记录和组织大量的数据。相较于"监狱"这个直白且陈旧的比喻，我们可以将这种搜索和组织数据的复杂活动类比为一群渔夫的古怪活动。这些渔夫并不献身渔业，反而喜欢探索和绘制海底地形图，分析洋流的轨迹和鱼群路径。

在当今传播语境中，通过"机器学习"的方式，以及大量自动复制数据（大数据）的技术，数据生产不再局限在基于发送器和接收器的已传播的信息几何的传播领域。紧随这类变革的政治传播策略也采用了不同的形式。这些形式不再只基于单向的传播信息流，也不再只依靠能够影响公共舆论的策略。交往的形式不再是如何向公众传递决策和讯息。在数据生态里，政治传播策略采取了倾听的形式。获取各种数据已有可能，包括有关情感情绪、新兴潮流和公民诉求的数据。所有的数据都基于分析软件生成的数字信息，软件提供"用户追踪"或"互联网用户培训"的数据。在此，政策的主要传播实践成了预期，类似于第三方cookies生成的系统。除了需具备说服性传播能力外，大数据时代的政界人士不得不培养倾听数据的素养，不得不激发"变色龙"的技能，成为传导公民情绪和焦虑的渠道。

算法政治是一种基于倾听的政治。

约翰·彼得斯[1]区分人类历史上的两大传播模式：第一种基于撒播（dissemination），归因于基督的形象；第二种基于对话（dialogue），归因于苏格拉底确立的互动模式。他认为，撒播和对话在历史上构成并组织了主要的交流架构。[2]

在当代数字语境下，除这两种传播形式外，我们还必须要加上机器学习和算法提供的倾听（listening）的模式。倾听模式指引行为方式和当代政治表达的语言，许多这样的表达方式用"平民主义"一词来定义，是不太准确的。实际上，这些表达方式是从"启蒙"和"先锋"过渡而来，是典型的现代政治（基于职业政客和开明理论家创建的纲领和谋略）；它们要过渡到基于倾听的政治互动；其表达方式具有次要的和"弱小"的权威、是"服从决定"的权威。[3]

---

1. 约翰·彼得斯（John D. Peters），美国传播理论家，著有《交流的无奈：传播思想史》《奇云：媒介即存有》《取悦深渊：自由言说与自由传统》等。——译者注

2. J. D. Peters, *Parlare al vento*, Ed. Meltemi, Roma, 2005.

3. "服从决定"（ruling obeying）是萨帕塔民族解放军（Zapatist National Liberation Army）创建的用语，表达部族对发言人授权的概念，发言人代表联盟的村落，只不过传递村民的意志而已；他们出席七个族群的全会，在全会上报告自己族群的决定。

第十六章 无党派身份的参与

权力斗争使血液败坏、思想灰暗。

——萨帕塔民族解放军副司令马科斯（Marcos）

在《全面取缔政治党派摘要》（*On the Abolition of All Parties*）一文中，西蒙娜·薇依[1]指出，在盎格鲁 – 撒克逊传统里，"政党"（party）一词指的是游戏和运动，显示其贵族源头。即使在雅各宾传统里，以及后来与列宁主义概念（包含在"一切权力归苏维埃"的口号中）相关的大众社会主义传统（popular-socialist tradition）里，虽然政党有大众的诉求，却始终维持着它大众向导的角色，后来又获得了人民和无产阶级先锋队和政治"方向"的意义；在这样的政党传统里，人民和无产阶级被认为是不能自主理解社会背景及其矛

---

1. 西蒙娜·薇依（Simone Weil，1909—1943），法国哲学家、社会活动家、神秘主义思想家，著有《在期待之中》《重负与神恩》《扎根》等。——译者注

盾的，是缺乏指引的。

若从欧洲政治思想传统看，不乏著名的主张者批评政党及其向导角色，认为政党压抑公共参与。马克斯·韦伯认为，党组织是代表个人夺取权力的工具，而这个人和一个社会群体相关；连西蒙娜·薇依也渴望压制这个传统："政党是公共团体，有正式建构，其目的是扼杀灵魂里真实和正义的感觉。"[1]

19 世纪的意大利哲学家安东尼奥·罗斯米尼[2]在《政治学》一书里说："阻挠正义和社会道德的是政党，政党是折磨社会的蠹虫，它混淆哲学家的预测，使最美好的理论徒具虚名。如此，公民团体该如何捍卫自己，免予遭受政党的危险呢？"[3]

马尔科·明格蒂[4]对人民厌恶政党政治动机的现象做了这样的解释："理由是，经验证明议会制政府是一个党派政府，如此，它偏袒友党压迫对手，进而不当介入司法和行政事务，扰乱政府的进步，损害其执政效应。这样，政府就摧毁了进步的实质和手段，最终陷入矛盾中。"[5]

然而，尤为重要的批评当数亚得利安诺·奥利维蒂（Adriano Olivetti）的一篇论文《无党派的民主》（*Democracy Without Parties*）。

1. Weil, S. *Note sur la suppression generale des partis politiques*, Paris, Ed. Sillage, 1943, p.16.

2. 安东尼奥·罗斯米尼（Antonio Rosmini，1797—1855），意大利天主教思想家、哲学家、自然法学家，著有《社会正义下的宪法》《政治学》等。——译者注

3. Rosmini, A. *Opere*,vol. 33, *Filosofia della politica*, Milano, Feltrinelli, 1990, p. 54.

4. 马尔科·明格蒂（Marco Minghetti，1818—1886），意大利王国首相（1863—1864，1873—1876）、经济学家和政治家。——译者注

5. Minghetti, M. in Olivetti, A. *Democrazia senza partiti*, Roma\Ivrea, Ed. Comunità, 2013, p.22.

第二次世界大战刚结束，他就深入研究议会制危机的实质："民主和议会制陷入危机，这是谁也不能否认的……靠普选的传统代表制和议会不再行得通……政党主导工会，创建并剥削合作社，代议制里的代表是由政党领袖操纵的名单委派的。"[1]

奥利维蒂的立场不限于批评，根据社群运动的执行情况，他提议另一条路径，瞄准无党派国家的实施："政党的任务将要耗尽，手段和目的的距离消除，政治就走向终结；换言之，国家和社会的结构整合为一、达到平衡后，创建国家的将是社会，而不是政党。这是社区运动（Comunità movement）承担的任务，即勾画一条路线借以证明，无党派国家是可能的，国家范围内也可能有创造性的二元结构和力量对位；这个运动还证明传统和进步的冲突，没有这样的冲突，社会和生活将在停滞不动中耗尽。"[2]

七十年后，数字网络以及协同性和信息化的交互形式产生后，无党派的新参与实践已经扩散至地球上各不相同的地区。借助移动连接和计算，新型的参与促成新型行动文化的发展。这种新型的文化基于个体的直接参与，人们参与公共辩论，自由实验不同形式的行动主义（activism），新型的行动主义又建立在数字网络上的交互。近年来，从西班牙的愤怒者运动（Indignados）到占领华尔街运动、匿名者黑客组织（Anonymous）、意大利的五星运动（Cinque Stelle Movement）、各种形式的阿拉伯之春（Arab Spring）、亚马孙原住民

---

1. Olivetti, A. *Democrazia senza partiti*, Roma \ Ivrea, Ed. Comunità, 2013, p. 28.
2. Ibid，p.29.

运动，再到法国的黄马甲运动（French Gilets Jaunes），我们见证了地球不同纬度上的人们对行动主义的接受，目击了无党派参与的兴起。数字网络的兴起使这一切成为可能。

在圣保罗研究基金会支持下，圣保罗大学跨学科数字网络研究中心于 2010 年至 2015 年的研究证明，上述各种各样的运动具有同样的交互生态，并具有若干共同特征：它们没有界定分明的身份，没有领袖，只有发言人，明显对政党不满。与此同时，它们表现出前所未有的行动主义，总是在线、源于数字网络、自发形成。虽然采取了上街游行示威的形式，却始终维持了线上的形式，生成了一种复杂的生态，把街头和广场抗争与数据结合起来，把每一次抗争表现、每一个事件、每张照片、每一种意见、每一场辩论都发布在互联网上。[1] 一种连接式交互生态，兼具信息 – 物质、公共 – 私密双重性，能把个人街头的抗议和思想放到网上，把街头和公共空间转化为数字信息环境，人人看得见，人人能访问。

所有这些"网络行动"[2] 新形式在信息 – 物质生态里表现出来，将街道、具体的事物和辩论转化为数据。网络行动的新形式并不渴望权力，不提倡其行为者参与选举，因为选举被认为是一种次要的民主形式；相比而言，互联网上连续、透明和分布式的对话更民

---

1. 为深化这一主题，请参见拙作《网络行动主义：从社会行为到交往行为》（*Net-ativismo: da ação social para o ato conectivo*）。

2. 我提出的网络行动主义（web-activism）一词指的是连接的多维度，网络行动主义不再以主体为中心，主体是在网络架构里行动。行动指向外部、由"行为人"实施的理念被超越以后，网络行动主义指的是网络里交互的生态维度。欲求更详细的介绍，请参见拙作《网络行动主义：从社会行为到交往行为》。

主，数字网络成就了这样的民主。

今天看来，根据数字网络提供的交互可能性和持续的参与过程，选举过程的负面性并非在于选举中可能产生的不利结果。从集体利益的视角看，选举过程滋生了一堆社会弊病，不利于社会共同福祉的传播。

第一种社会病是分散精力。选举竞争把焦点、注意力和行动集中在争辩上，于是，政治行动的意义就偏移了，从搜寻创意理念去解决共同问题转向了自己党派和意识形态的攻防，而这样的攻防往往是无批判性的、盲目的和非理性的。焦点的转移并不因选举结束而终止，而是要继续污染社会生活和个人的互动，使个人参与的拉帮结派的文化传播开来，把仔细、公正和客观寻求集体利益（collective interest）的办法推到后台。

选举过程产生的第二种社会病是权力崇拜的传播和神化。选举争端促成权力文化的稳定，把社会一小部分人的胜出确认为解决共同问题的追求。如此，不仅权力、个人和领袖的崇拜可以接受了，而且这些本属社会畸变与病态现象变成了良好的品格和不可或缺的设想，变成了实现民主过程和政治行动的必要条件。贵族对平民、教皇派对保皇派、左对右，西方的政治行动使民主参与和权力斗争重合，赋予它竞争和暴力的特征；通过政党及其精英组织的竞争，西方政治行动和选举的结果使集体自由参与受到了压抑。

波普尔[1]回忆说，开放社会和民主的敌人应该是"所有的哲学家和知识分子——从柏拉图在《理想国》里提及的那些人开始算起，一旦走出洞穴进入普通人的生活，有机会看到外面的世界——他们将其理解为真实世界，他们就觉得有责任和权利回归洞穴，引导洞穴人，甚至强迫洞穴人走出来认识真理"[2]。

从这个观点看问题，数字化过程对今天的我们似乎是新的路德教派（Lutheranism）。由于数字交互网络和架构，数字化过程要摆脱中介，开启直接参与的实践。

如今，我们终于可以告别信使神赫尔墨斯，告别信使、天使、领袖、先锋和一切中介者了。

---

1. 卡尔·波普尔（Karl Popper, 1902—1994），英国哲学家，赞同反决定论的形而上学，代表作有《开放社会及其敌人》《猜想与反驳：科学知识的增长》《二十世纪的教训》《波普尔思想自述》《客观的知识：一个进化论的研究》等。——译者注

2. Popper, K. *La società aperta e i suoi nemici*, Roma, Armando Editore, 1987, p.119.

第十七章 未经识别的政治客体

> 我们的疑虑是叛徒，疑虑使我们害怕尝试，使我们失去了可以赢得的美好事物。
>
> ——威廉·莎士比亚

20世纪90年代，数字冲突（digital conflict）的全球形式方兴未艾，萨帕塔民族解放军宣称："我们不是左翼，也不是右翼……我们被压在底层。"法国社会学家阿兰·图雷纳[1]写到，一场新的"法国革命"降生了。这是一个本土的数字化组织，一个范式转折点，不受欧洲政治传统派别的激励，因此，它也不用现代的二元意识形态左右翼反差书写。

我们的互动形式变了。此外，社交媒体、移动计算、无线网络

---

1. 阿兰·图雷纳（A. Touraine，? —2023），法国社会学家，著有《我们能否共同生存：既彼此平等又互有差异》《行动社会学：论工业社会》《行动者的归来》等。——译者注

（Wi-Fi）和分布式神经网络也永远改变了冲突的形式，改变了公民和政府的关系。

过去的十年里，全球不同地区爆发了各色各样的运动，其共同之处是，这些非传统的抗议形式都同样具有信息的和数字的特征。这些运动有：意大利保护妇女儿童的 V-Day 运动、阿拉伯之春、西班牙的愤怒者运动、葡萄牙的"3·12"运动、占领华尔街运动，以及巴西的 6 月进军和遍及法国的黄马甲运动。这些不同的运动的论争和索求各不相同，却有一个相同的事实：都生成于数字网络，都是自发冲突的表现，没有中介，没有明显的左右翼反差，没有历史上调节冲突的组织机构（工会和政党）。

2010 年至 2015 年，圣保罗大学国际研究中心在葡萄牙、法国、意大利和巴西等四个国家进行对比研究，目的是确认新抗议形式的非局部性生态。这些新抗议形式被描绘为一种新型的行动，起于数字网络，进入街道，然后回到网络；影像的帖子发布到网上、被人解读、引起辩论、行动被赋予意义。一种连接式行动，不限于人，不限于政治，因为它不仅仅是由人构成和执行的，而且是在网络里发生的，因而延伸到了电路、数据、信息、架构、街道、建筑、广场。这些东西形成一个奇异的生态；由于其生态特征和维度，这样的生态是新型交互的载体，它不再是主体中心的，而是连接的，我将其命名为"网络行动主义"。多种语言的数十种著作出版了，论文在国际会议上宣讲了；几大洲的大学教授、研究人员和活动分子汇聚一堂，开辟了非学科研究的场域（non-disciplinary field），其目的一直且仍然是为复杂网络里的场域、冲突、行动和公民身份创造一批新词汇。

联合行动出现了，社会行动理论的术语和格式无法描绘这样的现象，参与行动不仅有行为者－主体；联合行动还走向了冲突和参与新形式的实验。虽然发生在世界不同的地方，甚至兴起于不同的政治社会语境，这些不同形式的冲突和参与却有一些共同的特征：

（1）参与人数增长；

（2）批评任何类似的先锋或等级结构；

（3）不使用政党或机构的符号或旗帜；

（4）试验参与的数字形式和直接形式；

（5）以发言人替代领袖；

（6）不接受制度化；

（7）争取数据透明，人人可用；

（8）明确拒绝任何意识形态归属；

（9）为代议制民主向其他参与形式（平台、协商民主或直接民主）过渡而斗争；

（10）对匿名性的欣赏。

最近的网络行动冲突发生在法国，黄背心运动就适合被纳入这个故事，现有的社会学、政治学教科书里似乎找不到合理的解释。在这一漫长的连接形式的冲突里，界定不明的政治客体（unidentified political objects /UPO）没有领袖，革命或法西斯的领袖都没有。政治理论不承认它们，因为没有什么政治词汇能给它们命名；社会科学不能解释它们，因为它们没有充分的行动理论或社会理论。这些冲突、参与和交互的形式发生在社交网络、连接式生态、数字平台、区块链里。它们不再仅仅是物理世界的一部分，所以不仅仅表达政治主体的行为。当代冲突的形式发生在其他架构和新的生态里，这些架构和生态不再由主体和客体组成。

正是在这里留存着当代欧洲政治思想的一切不切实际、保守品质和虚弱无力，这些属性仍然深嵌在古旧城邦的架构里。

议会民主形式被取代，继之而起的是复杂交互的平台和网络。我们不仅要思考新的改革或经济指标，还有必要想象一个新的世界。

第十八章　从政治家到发言人：数字网络时代政治语言的变迁

让语词消亡吧。

——米歇尔·马费索利[1]

维特根斯坦[2]认为，语言是世界的逻辑结构，是我们访问世界的方式。所以，根据他的观点得出，语言是我们的栖息地，我们周围的事物不过是语词而已。总之，我们栖息在语言中。

但如果像亚里士多德所言，人的经验是语言的结果，那么和我们习惯的想法相反，我们还可以说，我们是语言的产物。

---

1. 米歇尔·马费索利（Michel Maffesoli，1944— ），法国社会学家，著有《部落时代：个体主义在后现代社会的衰落》《政治的形态变化》《现时的征服》等。——译者注
2. 维特根斯坦（Ludwig Wittgenstein, 1889—1951），20世纪哲学家，代表作有《逻辑哲学论》《哲学研究》等，对逻辑实证论和语言哲学产生很大影响。——译者注

索绪尔[1]认为，我们被语词言说。我们来到这个世界，通过语言与其接触。我们的整个学习过程都是通过预先存在的语言发生的，语言有既定的结果，外在于我们的经验。我们发现语言是现成的，有语词和意义，语言向我们显示这个世界和万物；我们学会识别世界和万物并将其称为现实；玻璃杯、猫、学校、议会，每个词都有确切的含义，都有事物具体的历史概念；我们并不是这些概念的创造者，只是通过语言继承并学习这些概念。我们说话书写时，可以选择自己所用的语词，却不能决定它们的意义；换言之，我们不能赋予它们前所未有的和独创的解释，因为每个词都负载着历史决定的意义。

有鉴于这些前提条件，我们可以断定，如果没有相应的语言突变发生，现实和人的境遇变化或深层改变是不可想象的。

贝拉明[2]的世界来自《圣经》。在他的笔下，世界是平坦的，位于宇宙中心，太阳照耀它，环绕它运行。这个世界容易理解，用语词说它很容易。栖居并认识贝拉明的这个宇宙，读《圣经》就足够了。相反，伽利略的世界是一个移动的行星，有其他星球环绕，这个行星在空间里自转。他的宇宙是肉眼看不见的，只有通过视觉的机械延伸（望远镜）才看得见；因为它不停地运行，只用语词不可能描绘它：若要描绘宇宙，那就需要语言，还要加上能表现星球瞬

1. 斐迪南·索绪尔（Ferdinand de Saussure，1857—1913），瑞士语言学家，结构主义语言学创始人，现代语言学之父，著有《普通语言学教程》。——译者注
2. 贝拉明（Cardinal Bellarmine，1542—1621），意大利神学家、红衣主教，反对哥白尼的日心说。——译者注

间位置的数学公式，那是星球在时空里运行的精准计量的结果。贝拉明的语言和伽利略的语言是两种不同的语言：一种是语词和文本，另一种是数学公式。它们是两个不同的宇宙。

数字网络和连接技术已经改变我们的参与方式和政治实践，这一假设必须要通过新词汇和新"意义－语词"（meaning-words）来评估和验证，它们能证明一个新世界的发生，这个新世界不同于我们迄今所知的世界。

近年来，在数字网络参与的语境下，"发言人"（spokesperson）一语广泛传播，俨然成为"当选代表"和专职"政界人士"的替代词。

"发言人"一语的首次使用是 20 世纪 90 年代后半叶，墨西哥南部的原住民、玛雅人的后裔在新萨帕塔民族运动（neozapatism）的社群里使用它。这些社群分为七个族群，对应七个语言群体，它们聚集在土著革命秘密委员会（Indigenous Revolutionary Clandestine Committee /CCRI）麾下。每个族群由若干村子组成。在村子里，每一条提议付诸商议和举手表决。发言人唯一的差事是把表决结果上报（从村子上报到族群）。发言人徒步穿越塞尔瓦拉坎多纳（Selva Lacandona）地区，过了一村又一村，把本社区的表决结果向上报告。委员会召集七个族群的发言人，搜齐所有的村子和族群的表决结果，达成最后的决定。委员会的角色被动，仅限于搜集所有村子和社群审议的结果。

在萨帕塔民族运动土著领地的入口处，常见到这样一块标牌："欢迎您到萨帕塔领地：这里的人说话，政府服从"。"服从决定"这一表达体现了这个协商性组织的原创形式。多年来，由于网络行动主义运动遍布世界各个地区，且有与之伴随的数字网络的分布式的协作形式，排除代表和专职政界人士的现象司空见惯，代表和专职政界人士被发言人取而代之。从西班牙的愤怒者运动到意大利的五星运动，再到突尼斯和埃及的各种运动，还有巴西和阿根廷的反贪腐抗议，发言人，无论他们是专业人士或政治候选人，似乎都担任了中间人的角色。这个语词的引入为参与的理念开辟了一个新的视野，提供了一个新的意义，有别于专一选举的意义；在那样的选举中，公民的贡献仅限于投票选举的仪式。

在法国的抗议运动中，黄背心通过八位发言人向政府喊话，他们并没有被指认为运动的代表，更不是领袖，仅仅是沟通人。像上文提及的其他运动的经验一样，黄背心运动也自称是独立、多元、非党派的；并没有整合，更没有领袖。

倘若在不久的将来，黄背心运动最终决定建立一个新的政治模式，他们终将发现自己面对两条截然不同的路径：一是重复通常的公式，改朝换代，用另一个政府取代一个政府（这个新政府起初更公平、更得人心；后来却更像以前那个旧政府，比如发言人变成了部长和议员）；或者是走另一条路，语言变化之路。

如果走第二条语言变化之路，用"发言人"取代"政治家""议员"，大概也有必要用"部长－公民"（minister-citizen）取代"部长"（minister），用"市长－公民"（mayor-citizen）取代"市长"（mayor），用"议员－公民"（parliamentary-citizen）取代"议员"（parliamentary），用"参议员－公民"（senator-citizen）取代"参议

员"（senator）。每一个新词汇都显示有限的任期，每个人都有可能在政府的公共机关担任"人民的发言人"。于是，贝拉明派捍卫民主传统神圣原则的人就会说，那是"玩微妙""玩文字游戏"。伽利略派的人就会说，"部分天象再次被漏掉了"。这些语言变化对理解数字平台上的参与架构是必不可少的。事实上，这些语言变化说明有必要用妥当的语言去思考，如何才能在没有更多中介的情况下去叙说线上协作行动的构成——而且说明，语言变化的形式和目的都不同于代议制选举的语言。

我们面前有两条路。我们是停留在封闭的城邦城墙里，继续使用描绘我们已知世界的语词呢，抑或尝试生活在短暂的、其性质似乎是不确定的数据星汉的天穹之下，学习能命名星球的语言呢？

第十九章　新公民（一）：病毒

生物群落（biocenosis）这一术语指的是在同一环境里相互作用，改变彼此境况的各种生物种群、动植物、无机物的集合。

大流行病期间，我们很快就发现，我们不仅栖息在国家和民族里，我们还是整个生物圈的一部分，是跨物种（transspecific）和跨有机体连接网络的一部分。我们很快意识到，除了气候、森林和海洋，病毒也是我们社会的一部分，这个社会不再与城邦架构画等号，也不再与人类公民的集合画等号。我们的生活方式、社会关系、整个的世界经济被一种新型的"社会行为体"（social actor）完全改变了。这是不期而至的"社会行为体"，既不是传统意义的公民，也不是我们的社会成员；是迥然不同的"异物"（foreigner），对西方思想而言全然是陌生的非局部物（atopos）。

社会学、政治学和经济学的教科书不讲病毒。人文社科忠实于人类中心主义的教条，呈现出一种简单化的概念，想象整个世界是由主体和客体组成的生态；人文社科认为，主体是智能和自由意志的唯一承载体，而无生命的客体（植物、细菌、动物）则被视为低等生命形式。

和著名而卓越的学者比如曼纽尔·卡斯特尔[1]和P.列维的论断相反，互联网连接形式的拓展不能被简化为现代公共领域的扩张。相反，最新的数字网络和连接架构就成为包罗多种实体的栖息地；看起来，它们本身构成了固化公共领域的内爆。导致这种感觉的原因其实很简单，今天也许更加明显：最新几代的网络不仅连接人和设备，而且开始连接物（物联网）、数据（大数据）、生物多样性、森林、河流（传感器）和各种类型的交互界面。这样的变化创生了一种新型的社群，它不再局限于人，而是让我们与整个生物圈交往交互，生成一种新型的向世界万物（病毒、植物、矿物、动物世界）开放的公民身份。这种公民身份的形态不仅是一种集体智慧形式（线上连接的人类智能的总和），而且是不同类型智能的复合网络；不同类型智能的动态交互决定着我们的生命境遇和我们的特殊性。

为了描绘这种跨有机体的复杂性，我们有必要放弃社会科学的语汇，深入其他学科寻求支持，以便推进我们对这些新场景的理解。"生物群落"一词指代种群的复合体，动物、植物、无机物在同一环境里彼此交互，改变自身情况。生物共同体不是以个体的观

---

1. 曼纽尔·卡斯特尔（Manuel Castells），西班牙人，著名学者，著有《信息时代三部曲：经济、社会和文化》《互联网星汉》《网络社会：从知识到政策》《网络社会：跨文化的视角》等。——译者注

点为基础，而是在持续不断地变化、混杂和杂交，由此而改变每一成员的原初状态。生物共同体是连接的社群，既不孤独，也不带攻击性。

正如近些年的大流行病所揭示的，很明显的是，病毒、气体排放、森林、河流、气候全都是我们社会的一部分和行为者。在大流行病期间，"非人"的行为看上去更真实而明显。我们近些年的日常生活告诉我们，社会学家、社会科学家、政治学家、经济学家、传播学家浑然不知诸如此类的实体，但它们的确是社会行为体和代理者，它们能改变根深蒂固的经济、政策和行为，影响并修正我们社会生活的方方面面。

新冠病毒流行病的毁灭性影响不仅损害健康和生活的各个方面，包括社会、经济、政治和生物的方方面面，而且在我们的认知范围和我们现实的表现方面产生影响。因此，这一病毒也影响我们的世界观念。它不仅在我们体内起作用，它本就是我们存在的一部分。

面对大流行病和新的病毒时，有两种主要的反应方式：防御或改变。第一种选择基于人是世界万物中心的原则（独一无二的智慧存在、上帝之子、政治动物、自我命定的设计师、地球的绝对主宰），它引导我们去想，病毒是外在的存在，是界定不明的污染和危险的存在。这一选择的反应是恐惧大流行，认定病毒是绝对的危险与祸害，我们要为完全消灭它而斗争，要争取恢复病毒流行前的（自然？）秩序水平。

第二种选择是一种回应：每一种生命有机体面对一种新病毒生

第十九章　新公民（一）：病毒

成的反应，科学家将其命名为生物免疫系统。科学上认为，每一个个体、每一个生命体都由数以百万计的病毒、细菌、微生物和许多其他实体构成。唐娜·哈拉维认为，一切生命体都是生物有机体的"堆积体"（compost），构成生命和交互实体的网络。[1]根据这一观念，病毒不是外在物，不与我们的现实分离；相反病毒是我们人体不可或缺的部分，发挥重要的作用：病毒促成变化，让我们放弃固有的平衡水平。病毒只能在宿主细胞里复制，因此病毒通常被视为寄生体，但病毒与宿主构成了复杂的关系。

根据适应性免疫系统的工作原理，面对新病毒时，我们的有机体的反应不是攻击它、抗拒它，相反是接纳它，为它提供空间和"公民身份"，让它成为我们自己的一部分，同时又与它进行动态的交互。

结果就是一个他律过程（heteronomic process）的实施，其过程会迫使整个有机体进行适应性变化和重大的转变，否则有机体必定死亡。唯有通过变化，有机体才能获得免疫，使新病毒不再构成危害；同时又形成免疫记忆，以备在将来防御这一病毒。

病毒（源自拉丁语"毒药"）是机制变异，即使不导致宿主死亡，也会迫使宿主自我转化，改变其初始状态。有病毒和生命，就有变化。

人非圣贤，孰能无惧？我们居家以保护自己时，活得很好；但历史提醒我们，大流行病是周期性的，不是偶发事故。唐

———

1. Haraway, D. *Staying with the Trouble*, Durham, Duke University Press, 2016.

娜·哈拉维批评人本主义和后人类思想，用人与自然的共生关系（sympoiesis，源自希腊语，意为"共变""共生"）一语描绘我们这个物种和其他物种共生和网状关系的复杂性；这个词有多元的价值，而不是只有主体中心生命的价值。这位美国哲学家觉得，没有什么自然的自生过程：因此，共生这个生存状况既不同于自创生（autopoietic）形式，也不同于异种创生（heteropoietic）形式。

新冠疫情扼杀了一些世界概念和设想，其中之一就是人类自决（self-determination）的理念。在西方文化里，自决是政治行动的基础之一。但病毒和生物免疫原理清楚地向我们证明，我们从来就不仅仅是人，也不是与环境分离的存在物。如今我们开始迅速而深刻地领悟到，不像西方人自恋式地想象和描绘自己那样，我们不是自主的个体，我们是共生的"此在"和"偕行存在物"（beings-with），处在继续不断的适应性突变中。

在新冠大流行病期间，世界各地急剧变化、罕有例外：治理转到数据、科学、算法的手里，几天之内就挑战了各种各样的意识形态、信仰和领袖。人的意见开始连接自动化数据网和跨有机体的信息网。

我们发现：用西方和现代对立的观点去思考和描绘我们的世界，那是毫无意义的；我们不能把人类智能和人工智能、世界智能与数据智能、优等存在形式或低等存在形式对立起来。我们不得不重新思考植物、病毒、算法、数据和软件，它们不是外部现实（rex extensa），而是我们的一部分、我们的栖息地和我们的社区。面对病毒和大流行病时，我们应该去重新思考何谓"社会"。

第二十章 新公民（二）：森林、河流、生态系统和气候

> 我们必须要认识到，事物本身就是场所（places），它们不仅仅属于一个地方……在这种双重的空间生成（making-room）中，地点就产生了。
>
> ——马丁·海德格尔

2017 年 3 月 19 日，印度北部乌塔拉坎德邦的最高法院授予恒河和亚穆纳河活体人（living person）的地位，视其为能呼吸、自持的实体，它们与不同的社群共存，翻山越岭流入大海。最高法院宣告这两条河及其支流享有"司法权"，拥有"活体人 / 生命实体"的地位，其权利和义务与人类同等。同年三月，新西兰议会立法，授予旺格努伊河及其支流与人同等的生命权。全流域的一切元素，包括物理的和形而上的元素，从源头到河口的一切元素都享有与人同等的权利。这是新西兰最长的河流，可通航，从汤加里罗山到塔斯曼海。对在该流域生活的哈仆人而言，旺格努伊河就是一个生灵，用毛利族的杰拉

德·阿尔伯特的话来说，旺格努伊河就是族人的亲戚：

> 这条河是我们的祖先……我们长期斗争，找到了近似的立
> 法。我们让所有人都知道，我们认为这条河是生命实体（living
> entity）的看法是正确的，我们认为它是一个不可分割的整体。
> 我们不应该用过去一百年的传统模式，从占有和管理的视角去
> 对待它……我们能把族谱追溯到宇宙的起源。因此，我们不是
> 自然世界的主人，我们是自然的一部分。[1]

除人类智能外，地球上还有其他形式的智能。气候、森林、生
态系统、大数据、软件是交互式的智能生态系统。所有这些要素都
是这个智能生态系统的特征之一。虽然各不相同，这些要素都在一
个信息网络的数据积累和处理中发展。所有不同的智能形式都有一
个神经模型和网络形状，都能学习和变化。所有的智能形式都通过
外部刺激降生和发展，外部刺激提供原料，原料由信息和数据组成；
智能形式做出回应和反应，生成新的数据。神经元和突触，节点和
链接将智能和环境以及世界联系起来。智能没有天生的形式。一切
智能都是与外界交互的结果，智能的扩张都是在刺激和信息不断的
践行中生成的。从这个观点看问题，一切智能形式包括人或非人的
智能形式都必须被视为"人工的"（artificial）。一切有机体和生命实
体都收发信号，都是开放系统。这就是说，它们插入生态关系网，

1. 杰拉德·阿尔伯特（Gerrard Albert）访谈录，新西兰第 39 电视频道。

这些网络使它们能接收外部环境的信息刺激并做出回应。

新生儿降生时吸收大量的环境信息，来自感官语言的信息对突触和神经元产生正效应——外界的信息起初来自言语，稍后来自书写和视觉符号。神经元研究证明，如果没有外界、语言、技术、环境和社会的刺激，智人的后代就不能养成自己的智能，即使拥有这样的禀赋也培养不出智能。哺乳动物共有的哺育现象在人类身上水平最高、延展时间最长。人类的婴儿、其他哺乳动物的幼崽降生时都要准备应对环境，都需要母亲的呵护（哺乳、体温、保护），但和其他哺乳动物不同的是，人类儿童脱离家庭核心去学习各种语言的时间大大延长，那样学习使儿童学会走路、练声、在屏幕上打字、与图像互动、说话、阅读，以便多年后成为几乎独立自主的个体。

从这个观点看问题，一片树林也是一个神经 – 人工智能的生态系统，它不是自发形成的，而是由于特别而悠远条件的巧合生成的。热带雨林是各种网络生命体的网络。这些生命体里有大量的真核生物、能进行光合作用的多细胞生物，它们也是智能关系形式的载体："植物尝试补偿自己的无法移动的特性，养成生长反应，以应对环境里大量而迅速的变化。这些反应名为向性（tropism）：因差异化细胞生长而产生的定向生长，因回应外部刺激而产生向光性、向重力性、向触性、向氧性和向电性。"[1] 这些不同形式的交互和交流组合起来，使植物能解决它们面对的问题，而且正如曼库索

---

1. Mancnso, S. *Plant Revolution*, Firenze, Giunti, 2017, p. 68.

的观点所示，植物因此而形成一种分布式的神经系统。曼库索认为，植物虽然没有类似于大脑的中枢控制器官，却能感知环境并与其交互，其敏感性胜过许多动物：它们"积极争夺地上地下的环境资源。他们评估周围环境，以及估算为达成特定目标所需的能量。植物处理和评价信息，并对自己的行为做出相应的修正"[1]。

甚至连气候也是连接式智能网络。洛夫洛克认为，大气、生物圈、大洋和大陆构成一个复杂的低熵值交互网络。"自此，我们把盖亚界定为由地球生物圈、大气、大洋和土地构成的演化中的实体；盖亚总体上构成一个反馈系统或网络控制系统（cybernetic system），它为地球上生命谋求最佳的物理环境和化学环境。"[2] 从这个视角看，一切生命体都是气候的影响因素，技术也是；由于其表现，它们增加熵值，就像大众消费社会的工业技术一样；也可能减少熵值，就像数字网络架构一样。

通过传感器和连接技术，森林、气候、河流开始与我们交流和交互，拓展了我们的生态观念。联合国定期组织的高峰论坛证明，气候在今天已经是一个主要的动因，能影响政府决策，激励政策，影响大型跨国公司的生产。然而，人类是否真的有可能与海啸、飓风和破坏性暴雨达成契约、进行任何政治对话吗？

1. Mancnso, S. *Plant Revolution*, Firenze, Giunti, 2017, p.91。

2. Lovelock, J. *The Vanishing Face of Gaia: a Final Warning*, London, Penguin Books, 2001, p. 72.

第二十一章　新公民（三）：数据个体和全息身份

你的本质是什么，用什么造成，使得万千个倩影都追随着你？每人都只有一个，每人，一个影；你一人，却能幻作千万个影子……一切外界的妩媚都有你的份，但谁都没有你那颗坚贞的心。[1]

——威廉·莎士比亚

两千年前，使徒保罗曾自豪地宣告："吾乃罗马公民。"罗马公民身份受法律保护，待遇优厚，享有一套特权。除法律上的利益外，获得这一身份后，公民就拥有一种社会头衔，并有理由因此而自豪。罗马公民是头等重要的身份，不局限于地域，罗马公民身份可以授予任何人，无论其经济渊源、族群背景、信条或宗教如何。

---

1. 译文选自《莎士比亚十四行诗》，梁岱宗译，刘志侠校注，华东师范大学出版社，2016 年，第 115 页。——译者注

不同于以前那些身份形式，如希腊身份，罗马公民身份和城邦的城墙、城市的围墙没有关系，和地区或物理空间的边界没有关系。

因此，罗马公民不是一种族群状况，而是一种虚拟地位，能改变真实的关系。成为"罗马公民"实际上是个人生活实质性的具体的变化，意思是说，人成为不同于曾经的那个自己。因此，除了生存的变化外，个人行动和性情的可能性真的变了。事实上，成为罗马公民意味着经过一个他律过程和深刻的身份变化。

今天，互联网和数字网络上的公民身份也出现类似的情况。成为数字公民不仅仅是将传统的权利延伸到一个新的形式，也不仅仅是获取新的权利。成为数字公民意味着改变自己的本性，并成为不同于现代政治主体的身份，我们将不再是唯一的权利拥有者。

数字网络和互联网使公民身份新形式的创生成为可能。我们看到，这些新形式的特征是纳入了有别于人类的身份和物体。这些新公民开始生活在我们的世界里，与我们交互，影响我们的共存，带来重大的变化。

除病毒、生物和自然实体外，连接技术的开发正在引发全球范围内的伦理和立法辩论，正在把法治推广到由认知算法（深度学习）、机器人和赛博格混合体（cybernetic hybrid organisms）开发的非人类智能体。欧洲议会的司法委员会最近就机器人实体的法律自主性问题进行了干预，提出了这样一个问题：机器人实体的性质是否可以根据现存的法律范畴来解释，是否需要创建一个新的范畴；在赋予它们权利和义务归属的问题上是否需要有特定的特征和应用。

全息身份和数据人格（data personalities）提供了一个极好的例

子，体现了这一法律问题的复杂性，需要用有别于法律传统典型特征的术语和范畴来思考。计算机实体有若干例子，但最广为人知的无疑是匿名者[1]和中本聪（Satoshi Nakamoto）发明的区块链和加密货币比特币。

从2003年开始，号称"匿名"的网络行动主义就是一种特殊传统的一部分；自赛博朋客（Cyberpunk）运动以来，这个传统生成了许多集体身份（collective identities）和全息式人格（hologram personalities），比如路德·布利塞特[2]、哈金·贝伊[3]和萨帕塔民族解放军副司令马科斯[4]。任何人都能成为"匿名"运动的一员。"匿名"运动那张全息图的"无身份者"（non-identity）所指的不仅是具体的个人，而且是一个集体；通过匿名的方式，这个集体产生投诉，分享共同感兴趣的信息，抨击跨国公司和威权政府。那张戴白色面具的全息图由大卫·劳埃德（David Lloyd）创作，其灵感来自一个历史运动的领袖盖伊·福克斯[5]。该图表达的是一种新的参与形式和冲突形式，参与和冲突发生在数据、比特组成的生态里，为公众获取信息的权利而斗争是"匿名"运动的特点。

---

1. 匿名者，是一个体系庞大但松散的黑客组织，曾是全球最大的黑客组织。——译者注

2. 路德·布利塞特（Luther Blissett），一群匿名者的笔名，开放，其名目下发表的作品有《匿名者Q》等。——译者注

3. 哈金·贝伊（Hakim Bey），匿名者出版人的笔名，本人名彼得·兰博恩·威尔逊（Peter Lamborn Wilson，1945—2022）。——译者注

4. 详见拙作《网络行动主义：从社会行为到交往行为》第六章。

5. 盖伊·福克斯（Guy Fawkes，1570年—1606年1月31日），英国"火药阴谋"的领袖，1606年1月31策划炸毁上议院，失败后被绞死。——译者注

从街头冲突到数据的迁移不仅是场域的迁移，也不仅是公共空间和政治机构的迁移，而是新生态和共同体的创生。这种新生态和共同体由比特和数字信息架构组成。这是本质层面的变化。

参与形式和数据的融合生成了一个混合型的网络，整个网络由异常和难以界定的数字身份构成，这样的数字身份介于个人、群体、物理实体和数据之间，名曰数据个体（dataviduals）。

数据个体像新的弥诺陶[1]，它们扰乱秩序，因为它们从根本上瓦解了西方公民身份的设想，即行为主体的身份和识别个人统一体的能力。

和人形机器人不同，中本聪是由数据组成的。这是一个在网上活动的虚拟身份，并不对应类似的物理身份。[2]这不仅是因为其身份不为人知，而且是因为中本聪能够隐藏在背后行动（不是一人，而是多人）。尤为重要的是，中本聪是比特组成的存在，它生活在数据的汪洋大海里，生来就注定要在网络里栖息。

虽然中本聪由信息组成，它却不是一个游戏人物，而是活跃的公民；它行动，贡献大，有功于全球经济金融机制的具体改革。因此，我们所谈的中本聪不只是简单的化名，而且是一种新型的实体，活生生的、真实的实体，由数据组成，能创生一种加密货币和新型的经济模式。

中本聪没有政治身份，既非右翼，亦非左翼，他不参与投票选

---

1. 弥诺陶（Minotaur），希腊神话中的牛头人。——译者注
2. 类似的现象发生过好几次，有关中本聪其人真实身份的猜度有好几起，最著名的是由《连线》杂志发表文章指认，认为中本聪是澳大利亚商人克雷格·史蒂芬·怀特（Craig S. Wright）。但这些猜测都没有实质性的证据。

举，也不参与选举政治项目。然而近些年，他在我们的社会里引发了真正的改革进程，发明了虚拟货币的协议，即"一种纯点对点的电子货币，容许一方向另一方直接付款，而无须通过金融机构"[1]。中本聪的目标是发明一种基于加密证据而不是信用的电子支付方式，以取代金融系统的中介。比特币是加密货币，在分布式数据库里生成，允许点对点交易，使任何中央权威以任何形式的控制和干涉都不可能。中本聪本人在自己撰写的比特币白皮书里对这个网络的运行机制做了这样的解释：

（1）新交易被广播到一切节点；

（2）每个节点把新交易收进一个区块；

（3）每个节点都为这个区块寻找一定难度的工作证明；

（4）当一个节点找到工作量证明，就要向区块里的所有节点广播这一发现；

（5）只有在所有交易都有效，而没有被双重支付时，所有节点才能认可这个区块；

（6）节点表示认可这个区块的方式是，在链条上创造下一个区块，把这个被接受的区块的哈希值（hash）当作是上一个区块的哈希值。[2]

像路德·布利塞特、哈金·贝伊和匿名者这样的全息身份（hologram identities），以及中本聪这样的数据个体，都证明了数字

1. Nakamoto, S. *The White papers*. In:https://bitcoin.org/files/bitcoin paper/bitcoin_it.pdf.
2. Ibid.

公民身份给我们带来的巨大飞跃。西方政治和社会学的语言无法界定构成这些实体的不同数据，因为没有精确的词汇或概念给这些实体命名。全息身份和数据个体不是个人（individuals），不是主体（subjects），不是人（people），但它们行动，并引发创新变革的进程。它们没有确切的身份，却是可以识别的，它们只有在交流时才存在。

第二十二章　新公民（四）：人形机器人、机器人和植物机器人

> 我所谓活人（living person）指的是……这样一个维度：这个活人与活物（living matter）不能分离……它和灵魂与肉体、内与外不可分割的符号是一致的。在这样的情况下，主体……是一个单体（unicum），在个性化的过程中把单数和复数结为一体了。
>
> ——R. 埃斯波西托

2017 年，沙特阿拉伯在世界上率先授予一台机器人公民身份。这台具有人类特征的安卓机器人名为索菲亚，是由香港汉森机器人技术公司出品的。

人们常问，人形机器人或机器人是否是我们社群的一部分，是否在我们的社会里享受公民权。如今，虽然有必要确立一点概念秩序，但这个问题已不难回答了。第一步是区分机器人、赛博格、人形机器人和数字实体的概念，今天它们还经常被误用为同义词。

如果说在20世纪90年代的控制论文化（cybernetic cultures）中，赛博格一语指的是人体和技术、肉体与钢铁结合的过程（后来这一观点被"超人类主义"采纳并进一步扩展），那么传统的机器人学所包含的就是一套研究和应用，目的是在机械的水平上复制人或动物的能力和动作，换言之，在无穷的应用中，机器人学瞄准的是制造能完成体力工作和任务的机器。虽然机器人已经从拟人化情结（anthropomorphic complex）里解放出来，未必具有人形，且并不限于仅仅复制人的任务，但它总是和应用技术的开发联系在一起，而这些技术总是要能解决具体的问题，应用于医学、空间研究、能源生产等众多的行动领域。机器人学曾有过全神贯注于模仿人的能力以复制交互的形式，但它又一直在把自己从模仿人外形的情结里解放出来。然而在最近的几十年里，机器人学还是在这个方向上大步前进，被建造出来的越来越像人的实体，外形上和交互能力上都更像人了。人形机器人或类人机器人指的是实验室生产出来的仿真机器人，能交互、答问和会话。最先进的人形机器人是索菲亚，她有七十余种面部表情，智能化地进行海量的数据处理，能自主演化。每次会话时，她都能分析数据，学习新词，改进回应。人形机器人能完成多种工作，包括在大型活动和仪式上接待客人、看护长者、与儿童互动。

机器人和人形机器人在我们社会里的存在不再是未来的一景。即使它们并非完全自主的存在，即使它们不能被视为一个新物种，我们也将迅速习惯于与其交互。即使我们已经在日常生活中与各种机器人实体打交道，但那些具有人类特征的实体能和我们交流，能履行不同的社会职能，若要完全习惯于它们的存在，那还需要花一点时间。

然而，如果我们看看近年在数字交互领域发生的变化，我们就明白，习惯人形机器人的社会存在不再是一个未来展望的问题。

我们曾经接受的人类中心训练再一次阻碍了我们的理解，妨碍我们看清我们是什么，使我们在一定程度上看不清自己一直以来的样子。

曼库索克服了经典的动物、植物和矿物等三个世界身份的划分，他首创了植物机器人（plantoid）一语，表示源于植物形式灵感的机器人技术："我深信这样的启示，于是在 2003 年开始阐述'植物机器人'的理念。因为植物机器人这个词类似人形机器人，所以它表示这种新型的自动化是妥当的。我梦想的植物机器人应该有无数的用途：从土壤的探查到空间的探索……今天，植物机器人已然成为现实，可应用于多种情况，从放射性污染和化学污染、恐怖袭击和矿场测绘到空间探索、石油勘探和农业 2.0 版的发明。"

仿生数字形式（biomimetic digital forms）是一条历史发展路径。今天，这条路径与机器人、植物机器人和不同的实体连在一起，各种实体能彼此交互、彼此影响生存状况，能在多种层次上彼此干预，随时为我们的行动建构和修正贡献力量。

第二十三章　新公民（五）：计算机实体、虚拟化身和数字助理

> 当代感知的奇异性不是委派某人去替我们感受，更不是以某种权威模型教导的方式去感受……感知就是感知的欲望……感觉经验相当于让自己去感受，从我们的经验出发，他者和不同的东西成为现实、事件、历史……如古时的斯多葛学派所言的"普纽玛"（pneuma），那火气本是无形的，却会成为你想要的东西的样子，融入一切。

> ——马里奥·佩尼奥拉

在《变形记》（*Metamorphoses*）里，奥维德[1] 讲述了塞浦路斯雕塑家皮格马利翁（Pygmalion）的故事。皮格马利翁认为岛上的女人不值得去爱，放弃结婚，选择独身。受这种困境的折磨，他决定创

---

1. 奥维德（Publius Ovidius Naso，公元前 43—约公元 17），罗马诗人，代表作有《变形记》《爱的艺术》《爱情三论》《颂歌集》《讽刺诗》《岁时记》等。——译者注

作一尊雕塑，忠实表达他的完美理想："天赋的艺术才干赋予他灵感。由于快乐的激情，他用白色象牙雕塑了一尊裸女像，其美丽胜过任何活生生的女人。他爱上了自己的作品……经常摩挲，看看她是肉身抑或是象牙。他亲吻她，又似乎被她亲吻；他喃喃自语，拥抱她，相信自己的手指头掐入了他抚摸的肢体……"[1] 皮格马利翁爱上了他创作的女神，让她身披华服、缀满珠宝，称她为葛拉蒂，并且像对待他的恋人那样互动。皮格马利翁的爱感动了奥林匹斯山众神，众神赋予她生命，把无生命的物变成了一个有生命的实体。

由此可见，我们对非人的物质培养感情并产生共情的能力古已有之，乃传统所固有。经典传统叙事里有各种各样的神话，比如阿德墨托斯（Admetus）爱上他亡妻阿尔刻提斯（Alcestis）的塑像；除此之外，在西方拟人化的传统里，还有许多人与非人爱情关系的故事。从对动物的关爱到对历史的忠心、遗物的崇拜——赋予文物超自然力，到我们对植物的呵护，对艺术品的奉献，再到我们与无机物共情的维度，这一切始终是西方传统里的一个常态。

近年来，有些名为数字助理（digital assistant）的应用程序在网络上和市场上广泛传播，它们能识别人类语言、回答问题、管理海量数据。转眼之间，它们就成了能模拟亲密友谊情感的他者（alterities）。

有些人工智能公司在试验建设数字虚拟化身。它不仅能远程交互，使分身同时在几个地方参会，而且能继续拓展交互的技能和多

---

1. Ovidio. *Le Metamorfose*, Milano, Ed. Bur, 2010, p. 36.

重角色。校长、发言人、老师、医生或律师的数字克隆使他们能以多种方式履行其专业角色，同时出现在不同环境和情境中。

中国新华社最近推出了两位虚拟新闻播报员，它们能以专业水平读新闻稿，每天 24 小时不间断地播报信息。虚拟化身和数字助理宛若葛拉蒂再世，除为我们提供信息以外，还可以陪伴我们，而且无论从哪方面看，它们都承担着互动"他者"的角色，能表达非典型形式的交互，虽然有别于有机体的交互，这样的交互却同样吸引人。面对诸如此类新形式的交互，有必要研究一些固有问题的哲学维度：培养我们对无机体和这些新型非人交互实体的感情是可能的吗？如何思考和表达跨有机体感情，这种感情又如何改变人的境遇呢？

针对这两个问题，伦理哲学家马里奥·佩尼奥拉最近提供了一些重要的反思。在《无机的性感》（*The Sex Appeal of the Inorganic*）里，他分析了一种被称为"主体外的感情"的产生，这是既非人亦非技术的感情。这种具有共享性且不以主体为中心的人类生存状态的形式，标志着一种进度状态的产生。在这本书里，佩尼奥拉对其做了精彩的描述："既非在家，亦非在外；既非出去，亦非回来；既非在家园，亦非在流亡；既非传统，亦非革新；既非过去，亦非未来；而是在过渡、转换、传输、中转；在空间里、在时间里、在心灵里、在语言里、在性观念里、在社会里。"[1]

跨有机体感觉（transorganic feeling）的状态是短暂的而不是过

---

1. Perniola, M. *The Sex Appeal of the Inorganic*, S. Paulo, Studio Nobel, 2009, p. 105.

渡的，这种状态深刻影响了全球范围内有关赛博格、后人类和超人类主义的讨论。近年来，这场辩论的演进催生了奇点（singularity）研究、深度学习以及各种非人智能形式（如盖亚、病毒、网络、植物、分子、生物技术、纳米技术、生物架构、信息系统、数据库、人工智能、机器学习、区块链等）的发展。

在这场国际讨论中，位于圣保罗大学的跨学科数字网络研究中心"Atopos"[1]试图在一条路径的研究中寻求一种创新方法去研究"数字网络中的情感"（feeling in digital network），以描述并诠释互联网环境里形成的跨有机体的感官形式。不同于聊天或图像交互，这种连接式交互生成的无限（aorist）[2]形式的感觉不仅是由主体的感官生成的，也不仅仅是通过技术的外部刺激产生的结果。比如，网络性行为研究揭示，这种交互形式和色情内容罕有关系，和接触性视频、性图片也没有多少关系。网络性行为实践演变的研究显示，跨有机体的刺激和快感的形式出现了，人体的某些部位和性器官与不同质料的界面和瓣膜的连接达成了这样的刺激和快感，生成远程的

1. 圣保罗大学跨学科数字网络研究中心（Atopos USP International Research Center）细分了四大研究路径。第一条路径集中建设一种新的行动和交互理论（Aion），理论涉及数字网络和连接式信息－生态的范围，提出从社会行为向"网络行动主义"过渡的概念。第二条路径着重研究新的信息－生态、领地的数字化，用数字网络和技术去实施可持续性的实践。第三条路径名曰 Tekó，用于拉丁美洲印第安社群的数字化研究，既研究他们新的领导形式，又研究他们的外交，看看他们如何通过数字网络和跨有机体交流和交互的实践来实施这样的领导和外交；我们从中寻找借以开发新交流思想的理念。第四条路径名曰 Aorists（无限），目的是叙说和诠释"网络中的情感"，即在连接式环境里形成的跨有机体的感官形式。欲知其详，请参见 www.atopos.com.br。
2. Aorist 源于希腊语，意为"无限""广延"。

跨有机体的刺激和快感。网络连接式性行为不只是两个身体之间性关系的可视化或模拟，它还表达了一种独创、"中性的"情感，这种情感是在"行动者"网络干预中建成的，网络行为者容许分布式感觉形式的试验，这样的感觉形式既不是有机的，也不是无机的；既不是内在，也不是外在的。我把这种感觉和行动界定为 aoristic（无限的），既不是主体的，也不是技艺的；既不是人本的，也不是人工的；既不是有机的，也不是综合的。

根据马里奥·佩尼奥拉在情感方面的研究，我们能够描绘一种交互生态，这是一种特殊的连接式协同生成的生态，它能揭示和描绘实体与数字助理之间新的跨有机体的交互形式。这些交互形式不能被解读为简单的交流形式，从跨有机体连接的维度看，它们是一种新情感的确立，一种不再是主体的交流形式的新人类境遇的创生。因此，数字实体的交互能力不仅朝向参与式生态（participative ecologies）的建立，而且朝向跨有机体架构（transorganic architectures）的建设，以及改变我们的存在和生活状况。

在这个意义上，回顾马里奥·佩尼奥拉率先对模拟概念所做的解释既有帮助，也能够说明问题。根据他的解释，副本的倍增足以改变原初的母本。[1]

---

1. Perniola, M. *Ritual Thinking,* S. Paulo, Studio Nobel, 2006.

第二十四章 分布式公民身份（一）：从议会到平台

> 从全球范围看，过去三十年政治选举的投票率只有67%。如今欧洲的情况更令人震惊，因为欧洲议会选举的投票率只有42%！这清楚表明，人们厌倦了政客及其参选宣传。但我们不能因此而责怪选民。
>
> ——凯萨·伊达尔戈[1]

在罗马第三大学政治系的一次研讨会上，我发现自己正面对来自各个年级的学生，从大一到大四的都有。四百多名学生在场，我尝试解释网络行动主义的渊源、历史和特征。为了打破僵局、开题定位，我首先问："你们有多少人加入了某个政党或参与过政党的

---

1. 凯萨·伊达尔戈（Cesar Hidalgo），美国科学家，研究经济复杂性、数据可视化和应用人工智能，著有《增长的本质》《人类如何评价机器》等。——译者注

活动？"六个人举手。在另一些场合——巴西、葡萄牙和法国，我重复了这样的实验——结果与罗马第三大学政治系类似，甚至更低。

议会道路的危机明显可见于对参与政治辩论兴趣的缺乏，这不是暂时性的问题，而是一个结构性问题。首先，信息架构的变革决定了大众政党的危机，剥夺了它们的中介者角色和政治辩论组织者的垄断。如果宽带和数字社交网使公共领域内爆，使话语权广泛传播，引向公众直接参与的形式，并让公共舆论操纵者信誉扫地，那么，最新几代的连接式架构就开启了转移交互和决策的过程，并使之超乎人的范畴。

在麻省理工学院，他们把这种转移称为从"社交、移动、分析、云"（Social Mobile Analytics Cloud /SMAC）向"分布式账本、人工智能、扩展现实、量子计算"（Distributed Ledger, Artificial Intelligence, Extended Reality, Quantum Computing / DARQ）的转移。区块链、连接式智能形式和扩展现实的出现开始触发了交互的生态形式，把连接式的特性延伸到数据、机器人和非人实体上。从物体到设备、都市空间、森林和生物多样性，新的数字生态开始广泛传播，把存在的万物连接在了一起。

宽带技术产生以后，以及随着信息和通信技术（ICT）的普及和基于移动计算与信息云端存储的传播，我们见证了政治权力的去中心化过程，卢西亚诺·弗洛里迪将这一过程称为"政治多智能体系统"（Political Multi-agent System），其特征是国家中枢权力的逐渐丧失：

信息和通信技术使数据民主化，使处理和控制数据的权利民主化，也就是说，信息和通信技术与数据都寓于文件和资源的多样性并自我复制。如此，信息和通信技术就可以生成、训练和改进潜在无限多的非国家行为体，从个人到协会和团体，从跨国公司之类的巨型机构到国际机构，从政府组织和非政府组织再到超国家机构（supranational institutions），这些都受信息和通信技术的影响。[1]

在未来的若干年里，由于 5G 和新型连接技术（DARQ）的出现和普及，我们的社会将呈现新的形式和新的互动动态。社会不再只由个人组成，更将呈现跨有机体形式，给社会概念本身赋予新的意义。算法、设备、软件、机器人和数据已开始通过平台和数字交互架构参与到我们的互动中，它们将越来越多地介入我们的决策过程。在这些新的交互架构里，我们存在的维度将呈现出分布式网络形式以及特殊的跨有机体的连接形式。

数据之复杂和体量已无法仅靠人际对话和人的决策语境管理。社会的概念也会改变公共事务的行政管理理念，这样的管理再也不能基于代表选举的方式了。复杂交互生态的管理需要多元智能对话，其他智能将与人类智能一道形成信息流的万网之网，其中包括：数据、气候、经济流、领地数据流、舆论、病毒等的网络。

我们的现实、物理空间、领土、经济、生物多样性、大洋和生

---

1. Floridi, L. *La quarta rivoluzione*, Milano, Raffaele Cortina Editore, 2017, p. 196.

物圈的各个方面一旦转化为数据之后，就可以通过设备、机器人、软件和智能架构去访问并发生改变。从这些语境看，议会的维度清楚带有唯我论的对话特征，揭示了西方文明的破坏性特点；从历史的眼光看，西方文明不能与其他现实和实体对话，无论它们是非欧洲人民还是构成我们共同栖息地的不同的实体。

这是以人文本和集中化治理逻辑向独立、网络化和组织化形式的转变，是一整套技术变革的结果；这些技术变革始于网络和广泛的连接形式（社交网、物联网、数据、万物与 5G 相关的一切）的扩张，并延伸到了机器人技术领域。机器人技术诞生于工业组织范畴。近年，由于机器人能完成的任务更加复杂，机器人应用的需求日益增长，这个应用领域发生了质的变革。重要的第一步变革是群体机器人的开发。群体机器人通常是规模较小的机器人组合在一起，能访问多元信息，以集成的方式回应，能管理复杂和新出现的情景。

机器人交流形式的发展开启了一个新阶段，使我们把机器人技术拓宽到生态系统的交互形式，并开发自适应功能，使机器人能面对不同的情景和突发事件。这种演化的明显例子是自动驾驶汽车的开发。这个方向上最先进的项目之一是谷歌启动的无人驾驶汽车项目，它面对的主要挑战是开发汽车和自动交互系统，以应对环境里的突然变化，以及诸如大都市街道里那种复杂环境中可能出现的情况。载着我们穿越城市到达目的地、避免障碍和危险的智能汽车已然成为现实。

传感器、软件和信息系统连接以后，能管理无限量的数据并迅速应对，为复杂情况、场景和问题提出解决方案，把智能自动汽车的问题转变为可治理的问题。我们是否能够设想出用于普通的管理和公共事务行政管理的自动化系统？你能想象出能够管理一座城市或一个地区的智能运行系统吗？

2018 年，在距日本东京 140 千米的多摩市的市长选举中，一个 AI 机器人成为市长候选人，其竞选纲领简单而客观："随着 AI 市长的诞生，我们将实行公允的政策，未来将以高效、准确的信息来执行各项公共政策，引领下一代。"

虽然市长候选人被描绘为一个由钢铁和电路组成的人形机器人，但实际上，它是一个数字操作系统（digital operating system），即由软件和算法组成的网络，能生成和管理大量的数据，能预测场景、监控进程、并提出解决方案。

由此可见，我们选举智能信息系统和数字神经网络而不是个人的可能性，为期不远了。不过，这一可能性与人本主义的原教旨主义幻想毫无关系，那样的原教旨主义把这个过程描绘为"机器"对人的统治、人被迫完全退让、被完全逐出决策和指挥领域。恰恰相反，选择一种计算机化的神经智能或许能使个人做出更精准、更明智的决策。

最先进的连接式生态有望进一步改变我们的生活条件，推动我们从仅仅由人管理的世界走向一个复杂和交互的世界，不同的智能形式将在这个新世界里对话和交互。这将是文化的质变，引向公共管理的去政治化。无论是人类活动还是政治活动，这样的过程会越来越成为跨有机体的过程。

近年来，数字平台和架构已遍布全球，被用于构建新货币（如比特币）、管理集体讨论以及协作决策。数字平台因其能够将人类与生物多样性、数据、设备及各种新兴网络连接起来，有望取代议会，承担起历史上仅限于个人意见的政治辩论的角色。

第二十五章　分布式公民身份（二）：
数字平台交互的生态品质

> 　　理解何为生命新方式的主要洞见之一，不是基因矩阵形
> 式和生物功能的简单发现，而是它们对整个表观遗传网络
> （epigenetic network）自发生成属性的依赖。要理解这一自发现
> 象，不仅需要了解细胞的遗传结构和生化结构，而且要了解表
> 观遗传网络与物理化学的环境限制因素相互作用时所生成的复
> 杂动态系统。
>
> ——F. 卡普拉

　　数字交互平台（digital platforms of interaction）和媒介没有关系，它们也不能等同于我们可以任意使用的某种技术"工具"。它们不是外在的结构。恰恰相反，它们是生成关系和分享性环境的结构。面对这样的新交互形式，鉴于它们前所未有的结构，我们还没有妥当的语言描述它们。交往理论不懂它们；社会科学很多时候完全无视它们的存在；软件工程和设计提供的是分析性和还原性描述。这些新的社会

结构带有新的交互形式和组织形式，面对这些社会结构时，我们觉得需要一套新的词汇，能叙说这些新的社会格式的新的生态维度。

正如科西莫·亚卡托[1]所言："平台同时又是人的组织形式，具有高技术成分。反过来，技术结构也能创造和管理高水平组织的复杂性技术结构。平台有一种制度逻辑，不能被归类为市场、国家、组织和公司的逻辑，这不是我们历史上知道的逻辑。"[2]

我们在本杰明·布拉顿[3]的书里找到第二个定义："平台就是平台所做的。它们汇集许多事物，将其组成较高一级的临时组合。原则上讲，它们既使进入平台的事物增值，又使平台自己增值。平台可以是物理的技术设备，也可以是字母数字系统；平台可以是软件、硬件或软件与硬件的各种组合。"[4]

另一个观点也有利于理解新兴数字平台的品质和形式，这是何塞·范戴克[5]及其合作者托马斯·普尔（Thomas Poell）和马丁·德

1. 科西莫·亚卡托（Cosimo Accoto），西班牙 IE 商学院教授，横跨学界和业界，著有《数据时代》《公司与平台业务》《人工智能：从档案到神谕》《强平台时代》《数字混乱大挑战》《社交移动营销》《互联网受众的评估：理论、技巧与指标》《机器世界》等。——译者注

2. Accoto, C. *Il Mondo Dato*, Milano, Egea, 2017, p. 119.

3. 本杰明·布拉顿（Benjamin H. Bratton，1968—），美国技术哲学家，研究领域横跨社会理论、计算机科学、设计和人工智能，著有《堆栈：论软件与主权》《地球化改造》等。——译者注

4. Bratton, B. H. *The Stack*：*On Software and Sovereignty*, Cambridge, MIT Press, 2016, p. 110.

5. 何塞·范戴克（José van Dijck），荷兰学者，曾任荷兰皇家科学院主席，著有《数字时代的中介记忆》《连接的文化：社交媒体批判史》《平台社会：连接世界中的公共价值》等。《平台社会：连接世界中的公共价值》是西方学界第一本对平台社会进行全面研究的经典论著。——译者注

瓦尔（Martijn de Waal）三位作者的观点。他们解释为何要选用"平台社会"作为书名："因此，我们选用'平台社会'一语，强调线上平台和社会结构难分难解的关系。平台不仅是社会的映像，它们生成我们生活于斯的社会结构。"[1]

《平台社会》一书的作者认为线上平台是"可编程的数字架构，旨在组织用户的交互——不仅组织终端用户的交互，而且组织法律实体的交互。平台的运行源于系统性数据采集、算法处理以及用户数据的流通与货币化"[2]。

从以上引述可见，把数字平台描绘为可编程架构是可能的，它们能"调节和投射用户之间的交互"[3]，因而将其描述为一种新的社会架构也是可以的，这种新的架构延伸到了数据、软件和计算机网络。

但平台生成的是什么样的社会呢？平台有什么特征呢？《平台社会》的作者继续说，数字平台的主要特征正好寓于它们难以界定的性质中，凸显出一串悖论，使之既平等又分等级：大多数情况下，平台与私营公司连接，虽然平台既是公共价值和公用事业的所有者，在本地运行，却产生全球影响，有全球目标。[4]

虽然平台固有难以界定的性质，但三位作者还是认为，平台分两大类：基础设施平台和行业平台。第一类包括跨国公司的大型数

---

1. Van Dijck, J.; Poell, T.; Waal, M. *The Platform Society*, Oxford University Press, 2018, p. 21.
2. Ibid. p.24.
3. Ibid. p.33.
4. Ibid. p.52.

字平台，如"五巨头"（亚马逊、苹果、脸书、谷歌和微软）的平台，它们利用信息巨头的基础设施和服务，比如"数据服务器、搜索引擎工程和云计算"[1]。第二类平台是行业平台，提供利基服务比如送餐服务、教育和信息服务、保健服务或运动服务。不过，两大类区分是否是真正的差异区分是有争议的，因为众所周知，五巨头控制了大约60%的在线广告市场，而广告市场要依靠五巨头的基础设施平台服务："历史地看，物理基础设施（铁路、公路、航空、系统控制和互联网）总是在混合型的公共和私人投资的基础上建成的。"[2]

公共和私人投资混杂且可不分离是当代网络架构的结构性特征。环顾世界各地，公共机构、非政府组织、市政厅和政府为公众利益而从事开发、举办活动时，无不利用大型数字跨国公司的基础设施、云服务、搜索引擎和数据库，所以在公共利益和私营利益之间划分边界就没必要了。这一悖论并不新鲜，始终伴随着信息的历史。

千百年来，生意人和私营出版人根据生意和利益目标，让图书流通，同时让阅读习惯在欧洲普及，因而确保了大众能受惠于文化。与此相似，近年来，信息技术公司的技术革新迅速降低了移动设备、智能手机和平板电脑的成本，使越来越多的公众上网、获取数据、进行数字交互成为可能。这是技术革新、获取信息的民主化进程的金科玉律，使我们再一次看到现代政治辩证思维之不足，那

1. Van Dijck, J.; Poell, T.; Waal, M. *The Platform Society*, Oxford University Press, 2018, p.62.
2. Ibid, p.64.

数字公民：智能网络时代的治理重构

是基于公共和私营划分的自我矛盾。

把矛盾和悖论搁置一边，克服社会技术的解释，那就有可能达成一个更加准确的数字交互平台的定义，使之建立在生物科学培育的类别和概念基础上，这些类别和概念更喜欢强调交互维度的关系属性和生态属性。

与其批判假设政治经济含义，我们认为更相宜的是辨认功能生态动力学的内在逻辑，将其与生命环境的生物动力学联系起来考虑。

实际上，海克尔[1]起初的生物学定义是和"自然经济（nature economy）相关的一套知识；研究动物及其有机环境和无机环境关系的复合体，首先是研究动物和植物与自然经济直接间接接触时正反两方面的关系"[2]。

根据这个一般定义，我们可以将数字交互平台描绘为生态（由实体组成），这样的实体构成关系网，通过人、数据、电路、设备、算法、传感器、软件和领地的连接，关系的网络就连接起来了。

数字交互平台是一个复杂的生态，它产生一种生存交往形式[3]。"网络形式"造成了信息架构中质的突破，使交往的概念和理念本身发生变化。交往不只是"媒介"里的信息传输——从 A 点到 B 点的流动，那是模拟信息模式的代表性交流理念，如今的交往应该被

---

1. 恩斯特·海克尔（Ernst Haeckel，1834—1919），德国生物学家，著有《生物体普通形态学》《创造的历史》《人类的进化》《宇宙之谜》等。——译者注

2. Haeckel, E. *Forme in evoluzione. Morfologia del vivente e psicologia cellulare*, Milano, Mimesis, 2016, p. 23.

3. 生存交往形式（communicative form of living）是我提出的概念，见《后都市景观：都市经验的终结和生存交往形式的兴起》。

理解为一种网状的生态。这样的生态不是简单生产和传递信息，而是创造一种生活环境。这样的生活环境表现为进入特殊生态系统里养成的关系网络。

在平台上交往和交互，有一些必要的条件：成为它的一部分，进入平台，通过与平台上不同实体的连接而栖居其中；这些交互的实体包括人的实体和非人的实体。你通过在平台上的探索和交互认识你的环境，有点像我们在森林里穿越探路。就像在森林里一样，平台上的一切都成为信息。在我们四周，一切事物都在说话；对任何细小动静或符号的识别都成了指引我们的力量，都在改变我们的动作、方向和小径。和生活环境的生态类似，在平台的网络结构中，行动的不仅有主体，还有一套复杂的行为体[1]。一旦连接起来，这些行为体本身可以产生不同的关系模式。

因此，数字交互平台创造出一种特殊的生活环境，每种情况都不一样，取决于这些平台生成的具体的交互生态提供的模式。

数字平台不只是其要素的组合，更应通过分析其所践行的整套关系网络来理解。为了更好地理解数字交互平台和生态信息网络之间的关联，重温 S.A. 福布斯描绘《湖泊小宇宙》的文字大有裨益，只需用"平台"替换"湖泊"足矣：

---

1. 行为体（actant）一词由格雷马斯首创，布鲁诺·拉图尔近年借以表示不同实体（包括人与非人实体）交互的复杂性，由此生成的是网络状环境里的行动。拉图尔认为，在交互式网络里，人的主体不再是唯一的行为体，汇聚的行为体在聚合关联的网格里行动。

湖泊构成另一个自足的小世界。在此，所有的自然力都在起作用，生命的戏剧如火如荼……你再清楚不过地看到，什么能被称为如此这般有机复合体的情感，属于整个小世界的任何物种所受的任何影响都表达了这样的情感，任何物种所受的任何影响都迅速对整个有机复合体产生影响。你再清楚不过地看到，如果脱离与其他形式的关系，去彻底研究任何形式都是不可能的；总揽全局、全面考察是必备条件，否则对任何部分的令人满意的理解都是不可能的。[1]

1. S.A. Forbes. *The Lake as a Microcosm*. In: C. Leveque. *Ecologie, de l'ecosysteme à la biosphere*, Dunod, Paris, 2001, p. 179.

第二十六章　分布式公民身份（三）： 数字交互平台的三种模式

> 尽管生物体最能引起我们的关注，但是当我们从根基上考虑问题时，我们并不能将生物体与其所处的环境分离开来，它们构成一个物质系统……人类天生的偏见使我们认为，生物体是这些系统最重要的部分，然而无机的"因素"也是系统的一部分——没有无机物就没有这些系统，而且每个系统内总是存在着各种各样有机体和无机体持续不断的交换活动。这些系统可被称为生态系统。生态系统种类繁多，规模各异。
>
> ——A.G. 坦斯利[1]

数字交互平台和生命生态系统的比较不只是一个隐喻。把数字交互平台解读为生命生态系统，那就意味着将其视为由实体组成的

---

1. 坦斯利（A.G. Tansley, 1871—1955），英国生态学家，提出生态系统的概念，著有《实用植物生态学》。——译者注

复杂网络，而这些实体又是相互依存的。这种交互式结构是使数字交互平台接近生态系统的第一种资源。除了从形态上将数字交互平台视为网络外，数字交互平台结构的另一种生态特征可见于其适应性和突变性，其适应性和突变性是由平台成员和组成部分不断的信息交流构成的。

生态系统环境里发生的物质材料之间的交换，信息能量之间的交换和化学物质交换相当于数据、内容、成员和行为体之间的交换。这条共同的原理被 N. 苏卡乔夫界定为"生物地理群落"（biogeocenosis），它表明："地球表面特定区域的一个组合。一组同质的自然现象（大气、矿物层、植物、动物和微生物、石油和水质）具有自己不同成分之间的特有交互，生于界定分明的物质和能量交换的交互，以及这些自然现象与其他自然现象的交互。这组同质的自然现象代表着一个内在矛盾辩证的统一体，处于永恒运动和发展中的统一体。"[1]

形态学、适应性原则、生物地理群落使数字平台的生态系统成为一种共振峰形式[2]。和生命环境一样，共振峰形式界定不一样而特有的生命架构[3]，这种架构的特征催生交互的类型以及非单一的合作

---

1. N. Sukachev 1964 in C. Leveque *Ecologie, de l'ecosysteme à la biosphere.* Dunod, Paris, 2001, p. 154.

2. 共振峰形式（formant form）的概念由路易吉·巴莱松（Luigi Pareyson）提出，经 M. 佩尼奥拉（M. Perniola）等修正。关于共振峰形式在数字连接式网络语境里的分析，请参见拙作《网络行动主义：从社会行为到交往行为》。

3. 如欲进一步理解生存交往形式的概念，除了海德格尔的书外，请参见拙作《后都市景观：都市经验的终结和生存交往形式的兴起》。

形式。

在集体参与和共建共享决策过程的背景下，数字交互平台的建设正在全世界扩张。一个趋势是，越来越多的政治运动、集体运动和组织都创建了交互网络，旨在把人、数据、设备和信息流连接起来，以便发展分散式的管理、讨论和立法过程。接下来，我们将介绍一些最著名的平台，并根据网络系统的逻辑分析其特有的交互特点。我们将从类型学的角度去界定其特有的交互特点，分析其复杂程度、强度和参与形式。

我们描绘三种生态系统类型，借以区分三种主要的平台模式，从最简单的到最复杂的依次为：社会技术交互生态系统，多主体的交互生态系统和信息生态系统。第一个表现社会技术生态系统交互的平台例子是"液态反馈"（LiquidFeedback），它与互动民主（Interaktive Demokratie）运动相关，其他运动比如德国海盗党（Pirate Party Germany）也使用这个平台。"液态反馈"的第一个版本是一款开源软件，2009 年由反对党运动创建，在围绕"液态民主"（liquid democracy）的辩论中产生。彼时，德国等几个欧洲国家兴起的运动既疏离代议制民主也疏离直接民主，它们开始在网上搞交互实验。"液态民主"有别于直接民主（号召每个成员参与、投票而且在没有中介的情况下为法案和政府项目的起草做出贡献），又不同于代议制民主（由公民推举代表，由代表负责为公民治理）。在液态民主里，参与的形式是混合的。代表机制仍然存在，却是暂时的，只在特定选举时间内有效，而且任何时候都可以撤销。然而，所有的公民都被要求通过数据和软件上线去交互、去参与网上的辩论，不仅要去平台上跟随选情，而且还要从头至尾关注商谈和审议过程。再者，在"液态反馈"平台上，代表权可以是"针对个人的"，就是说，在某一次投票时，你可以把选票让予在特定的主题上有专业能力的人。

多年来，随着不断发展演变，这款起初谈论和集体审议的软件更加复杂，开始具备了公民和数据社会技术交互环境的多种维度。如今，走进"液态反馈"的交互生态系统时，有了一些选项供你选择：你可以看辅导视频，它们会告诉你平台上的参与流程，同时你可以看见软件应用的不同领域：公司（员工参与、产品开发、数据分析系统）；合作社（数据汇集）；政党（数据汇集）；民间社会组织（数据汇集）；城市、地区和自治市（公民参与）。此外，平台上还有一种可插入地图和地理信息的应用程序，可对社群和数字讨论集会进行定位。

我们继续说回"液态反馈"。这个平台被描绘为"公平""可靠"和"可信"。说它"公平"，因为它授予每个人同样的权利："参与'液态反馈'时，你可以在任何时候提出新的建议。在'液态反馈'结构有序的讨论过程中，所有参与者都享受平等待遇。人人都享有同等的权利。"[1] 说它"可靠"，因为它完全透明，它通过明确界定的规则和投票的时机，力求"将所有相关的数据都及时提供给参与者"。说它"可信"，因为"决策只依据记录在案的投票达成，所

数字公民：智能网络时代的治理重构

1. 见"液态反馈"平台：https://liquidfeedback.org/。

有参与者都可以访问所有的数据，包括人和机器都可读的格式"[1]。每次投票后，人人都可以看见投票的结果，而且可以看见谁投了什么票。

这种混合式投票法，既可以没有委托（代表），也可以有暂时的、可撤销的委托。除此之外，"液态反馈"平台上还有一个基于舒尔茨法的计票系统，这个数学方法的目标不是奖赏胜出的建议即得票最高的建议，而是奖赏代表大多数法定人数的建议。换言之，在"液态反馈"平台上的选举中，使大多数投票者满意的建议胜出，也就是说，让最少成员不满意的提案获胜。因此得票最高的建议未必胜出，胜出的建议是最接近社区成员"合格多数"舆论的建议。

"液态反馈"平台分为不同的板块和区域。板块由类似主题构成，比如环境问题和行政问题的主题。区域指特定或限制法定人数的主题。每个部位有"政策"制约决策过程，决策过程分四个阶段：准入阶段、讨论阶段、审核阶段和投票阶段。

投票过程在两个法定人数阶段中展开。首先，提案人提交一个提案，法定人数范围内的成员决定是否参与讨论，然后开始谈论提议。如果提案引起成员兴趣的人数，超过了最低限度的百分比，提案就进入第二阶段直到最后的投票。除了商议的方法外，各个阶段都有特定的时间段。在第二阶段，所有的参与者都可以修改提案，或提交替代提案。每一条提案都进行投票表决。一切评论都可以验

---

1. 见"液态反馈"平台：https://liquidfeedback.org/。

证、人人可见，就像选票一样。我们将这个数字平台的生态系统界定为社会技术生态系统，因为只有通过"液态反馈"平台上的设备、设计、数据、软件、算法和技术界面的交互，所有对话、辩论和投票的形式才有可能进行。

第二种类型的交互生态系统是"卢梭"平台。这是意大利五星运动的操作系统。

相比"动态反馈"平台，"卢梭"平台显然是更加复杂的生态系统，能为公民提供更多样化交互的可能性，远超投票行为的可能性。目前，它含有三个大板块十三个组织功能。这三大板块是："直接民主""集体智慧"和"领地行动"。在第一个板块里，参与者可以就五星运动的公民候选人进行挑选和投票，对候选人在不同范围里的职位做出选择：欧洲议会、意大利议会、地区、都市、共和国总统、总理。候选人参选之前，都要在"卢梭"平台上接受投票选举。根据该平台提供的数据，"直接民主"这个板块平均每 20 天进行一次全国投票，从 2012 年至今，总计进行了 249 次票选[1]，推选各层级的公民候选人：地方、全国和欧洲。除了挑选候选人外，在"直接民主"部类里，还可以就政治议案提出建议、进行选择并投票，这些议案与机构职责、具体主题、政治动议等问题相关；迄今为止，这一类选举已进行了 20 次，总计 561 627 人次表达了自己的意愿[2]。除这两类选举外，还有内部事务决策的推选，可以就法规改

1. "卢梭"平台用户网恩里卡·萨巴蒂尼（Enrica Sabatini）在欧洲议会的讲演，见 https://rousseau.movimento5stelle.it。
2. 根据 2019 年 2 月的数据。

革进行票选：这类功能投票共有 15 次投票，总计有选票 647 000 张。另一种票选和五星运动议员薪水部分返还款的使用有关，旨在将其用于公共事业社会工程的投资。这个项目的投票举行了 10 次，目标是为 367 个项目提供达 1 244 462 欧元的资金。最后，因为政府规划的细化，举行了 26 次投票，涉及 104 个问题，收到多达 2 488 760 的赞成票[1]。伴随许多次投票的还有解释性的视频或补充的内容，以便为投票公民提供详细的信息。

在"直接民主"板块里，我们还可以看见"注册法案"栏目，容许平台成员遵循一个详细的流程提交法案。目前已提交的法案超过 7 000 份，经过 16 轮投票。得票最高的提案被传送给发言人，发言人负责从技术上将其变为法律文本并呈交给议会委员会。另一个栏目是"法律"，容许平台成员将欧洲、意大利议会和地区三个层级的法律进行修改。在 60 天内，成员可以对平台上的法案进行修改或提出修改建议。截止到 2019 年 2 月，"法律"栏目下审议的法律共有 360 部，收到评论、补充和建议的意见共有 80 000 条。

在第二大板块即"集体智慧"里，我们发现的一个功能，旨在以网络形式分享成功经验和实践，目的是为参与者提供知识和已开展的实践经验。有针对都会区发言人的教程和自学课程（比如有地方公共实体预算的主题课程），也有为意大利议会和欧洲议会发言人提供的相关课程。在这个用于培训公民参与活动和担任公职（任职不超过两期）的板块中，用户可上网获取授课笔记、参加考试以

---

1. 数据见卢梭平台：https://rousseau.movimento5stelle.it。

评估学习效果。除网课之外，"卢梭"平台还提供面授课程以及不同层次的专题工作坊和培训。

除各种培训活动外，第二大板块"集体智能"里还有一个栏目"网盾"。这是为平台用户提供的法律知识，范围覆盖全国。最后，这个板块还提供分享功能，用户可分享各地、各层级（都市、地区和议会）发言人制定的文件和公共措施——其目的是在全国推广不同情景下的成功经验，将其他发言人已测试和践行过的内容和解决办法提供给用户。

最后，第三大板块"领地行动"分两类："行动号召"和"行动主义"。这两个部分致力于建立网络和地域之间的联系，并基于地理定位功能组织活动和开展实践。每个成员都能在自己所在区域发帖号召行动，如此，个人行为就转化为可向公众分享的活动了。

"卢梭"平台由吉安罗伯托·卡塞雷吉奥（Gianroberto Casaleggio）创建，2016年起由同名非营利组织经营，现任主席是达维德·卡塞雷吉奥（Davide Casaleggio），他与三位合作伙伴和不同职能管理人分担行政管理工作。除平台之外，"卢梭"组织通过卢梭开放学院着手建设一个聚焦数字公民的推广和研究的国际网络。由于"卢梭"平台功能的多元性，我们将其定义为"多代理系统"（multi-agent）的交互生态系统；其功能的多元性通过交互的"线上生活"（on-life）特征得以体现。这些交互功能以不可分割的方式与面对面交流的数字维度结合起来，构成一个由人、数据、算法等组成的网络之网，其目标不局限于投票，还包括培训的实施、公共管理实践的经验分享和公民在本领地的直接行动。

最后，第三种平台交互生态系统模型（platform interaction ecosystem model）被定义为信息生态型，这个模型基于交互生态系统的建设，它不仅包含人类、数据、软件和算法，而且延伸至生物多样性、气候、水和森林。这类平台呈现为一种生态网，能汇集和连接不同的生态系统：人、都市、事物、动物和矿物。这类平台的特征是：它不仅推进人类的集体智慧，而且通过其监控和管理能力它还促进跨类智能（trans specific intelligence）的形成。平台的监控和管理不限于我们栖息地的社会复杂性，而且还包括平台自身的动态。这类平台表现为一个连接和交互智能的网络，它能培育可持续且综合的关系形式，涵盖一个地区或领地的整个生态。

这种新型交互生态的例子是名为"阵列物联网"（Array of Things/AoT）的电子治理工程，该项目由芝加哥实施，美国国家科学基金会支持。这个项目由科学家、建筑师、地方政府、居民和芝加哥市市长办公室协作开发。[1] 遍布各地的如树木、电灯杆和房顶上的传感器捕捉有关环境、基础设施运行情况和城市活动的信息，旨在支持研究、支持国民教育和辅助城市的公共管理。这些信息包括气温、湿度、空气质量，甚至包括臭氧、氮气、一氧化碳、二氧化碳、光照度、噪声水平等数据。传感器还会实时收集图像，以及人员流动和交通工具的信息："第一套设备、芝加哥街道上所用的设备原型由阿尔贡国家实验室开发，动用了名曰网络节点的12种

---

1. 圣保罗大学跨学科数字网络研究中心的研究员丽塔·纳尔迪（Rita Nardy）的博士论文题为《如何与盖亚对话：数字生态系统上的数字生态和交流》（*How to talk to Gaia: the Digital Ecologies and the Communication on the Ecosystem*）。

设备。"[1]

"阵列物联网"里的物联网应用旨在通过数据通信使公民更多地参与决策过程。这种新型公民互联网活跃度高，能够获取、理解和使用混杂系统中如"阵列物联网"里的信息，他们可能以实时且日益融合的方式和他栖居的环境交流。

在这样的环境里，新交互生态的治理越来越透明和平等。这种联合行动把技术、数据、人、地域、信息和气候整合起来，组成一个复杂的通信模型，使人和非人、有机体和无机物更加贴近。交互生态平台仍处在试验阶段，但已超越议会的层面，它们可能会生成分布式的契约性实践，不局限于政治性的契约，而且有各种实体之间的契约。

数字公民：智能网络时代的治理重构

---

1. 数据见 https://arrayofthings.github.io。

第二十七章　既不社会，也不自然：区块链的分布式契约性

为什么要相信，遵从仅仅由人审议的、单纯以政治方式组织的一种决策系统，就一定更好、更有效、更公正呢？相比由数据、操作系统、人员、领地组成的智能网络（intelligence network）而言，为什么认为那样的决策系统就一定更具优势呢？要知道，智能网络能同时管理海量信息和数据。

博尔赫斯[1]的《虚构集》（*Ficciones*）里有一个故事，故事描绘了一个神奇的地方，那里的镜子因能使人物的人数和影像倍增，而被视为可憎之物。这个故事首载《英美百科全书》，确切地说是在该书最后一个词条"Uqbar"部分。博尔赫斯笔下的主人公苦寻这个故事的纸本，却终不可得。可是他偶然发现了《特隆第一百科全书》

---

1. 博尔赫斯（Jorge Luis Borges，1899—1986），阿根廷作家，世界级文学大师，"作家的作家"，小说、诗歌、散文三栖。著作宏富，不胜枚举，中文版有《博尔赫斯全集》。——译者注

（*Encyclopaedia of Tlon*）的英文版，却找不到出版日期和出版地点的信息。

"两年前，我在一本盗版的百科全书里发现了一个虚构国家的简短介绍。今天，这件事却给了我某种更珍贵、更难得的记忆。我手捧一颗不明行星历史宏富历史的片段，满纸的各色景观：建筑和纸牌、可怕的神话和纷繁的语言、帝王与大海、矿物飞鸟和鱼类、代数和野火、神学和形而上的争论。"[1]

至于那位对这颗无名星球细腻入微描写的作者，那个盗版的百科全书不着一字。作者肯定各不相同，背景各异：生物学家、天文学家、工程师、诗人、化学家、哲学家，等等。那套书的策划"如此宏大，每个词条的撰稿人的贡献都显得微不足道"[2]。

在盗版的《特隆第一百科全书》里，特隆国地形地貌的那个词条提到了血塔，动物学词条描述了透明的老虎："特隆国人的世界不是空间物体的序列，而是独立行为的异质集合。这个世界是连续的、时间性的，而不是空间性的。……在这个半球的文学作品中，理想的物体丰富多样，招之即来，转瞬即逝，随诗性需求而定。有的时候，纯粹的共时性决定它们的存在。……这个星球的人们构想的宇宙是一系列的心灵过程，心灵过程并不发生在空间里，而是发生在时间里。换句话说，他们不理解，空间元素如何在时间里延续。"[3]

特隆国的科学和知识不是主体智能形式的产物："解释（或判

---

1. Borges, J. L. *Ficciones*, Milano, Adelphi, 2015, p.57.
2. Ibid, pp.58-59.
3. Ibid, p.59.

断）事实的意思是将其与另一个事实联系在一起。"[1]

数据序列构成的世界和生态由区块链建构，这样的世界和生态使人想起特隆国的神奇架构。和在特隆国一样，一旦我们跨越了那些我们正在逐渐适应的数据之海，在区块链网络中也没有能指引我们并确保我们可以"回家"的地图或完整图表。因此，我们在信息流和代码潮里的航行难免有不确定性。技术创新以及我们时代特有的急剧变化，使我们在自己的世界里都像是异乡人；使我们体验到一种封闭的、实验性的且不断变化的生存状态。

2008年，一种新交互协议兴起，其基础是信息的传递被一连串的"点"取代，从而生成一个数字货币的转移链，这种加密的货币叫作比特币。完成这一创新的人自称中本聪，其实他也是一组数据、一个全息影像、一串字母数字信息序列，其真实身份至今不为人知，甚至这个人可能根本就不存在。谁也不知道中本聪是何许人；2011年以后，他停止了交流，某种意义上，他"停止了生存"。

中本聪的形象与网络行动主义历史上的哈金·贝伊、路德·布利塞特等人物一样[2]，标志着一种新生命形式的开始，这种新生命是数据构成的。虽然它只存在于网络和信息流里，却能够推动重要的社会变革。

这种新信息架构的首要特征是它生成的产品，前所未有的货币类型，不由任何中央银行或国家发行，承载一种新型价值；网络成

1. Borges, J. L. *Ficciones*, Milano, Adelphi, 2015, p.59.
2. 为了更深刻地理解这些数据人物的历史和网络行动主义，我推荐大家阅读《网络行动主义：从社会行为到交往行为》。

员直接确认并批准这种新价值的有效性，他们构建了比特币传输的序列（"传输链"）。这种新网络形式的第二个特征是它的操作程序，其基础是一种新的公共协议。协议建立了一套规定，以确保透明，同时确保在全球 200 万个点的平台上，每一次点到点完成的传输都是诚实可信的，确保平台上的每一次交易都安全。唐·泰普斯科特[1]将这个公共协议界定为"值得信赖的协议……其基础是全球日益增长的分布式账本，比特币区块链就是最大的分布式账本"[2]。这个网络基于一个开放代码，且免费下载；它容许在绝对安全的情况下传输数据和价值，而不必借用银行、第三方机构、信用卡等中介。如果说互联网对泰普斯科特而言是信息网，那么区块链就是"价值或货币的互联网"[3]。

物理上，比特币不储存在任何地方、任何文档里，但它的每一笔交易都会被记录并在一本对所有人公开可见的数字账本中得到验证。这个网络的每个成员都能免费访问所有的信息，都能查看每一笔交易，这个网络及其加密货币的价值因而被赋予数字化的公共属性。

如此，每一种虚拟货币都是一种分布式信息实体，由遍布全球的成员网络和技术设备共同分享和验证："这里没有供黑客破解的中央数据库，区块链是公共的。任何人都可以在任何时候查看它，

---

1. 唐·泰普斯科特（Don Tapscott，1947— ），加拿大数字经济学家，著有《互联网原住民》《区块链革命》《危机经济学》等。——译者注

2. Tapscott D., Tapscott, A. *Blockchain Revolution: How the Technology Behind Bitcoin is Changing the Money, Business and the World*, New York, Penguin, 2016, p.37.

3. Ibid, p.38.

因为它存在于网络里，而不是储存在一个单一的负责审计和记录交易的单一机构里，而且这个区块链是加密的：它用的是兼有公钥和私钥的高强度加密技术。"[1]

这个新型网络的第三个特征是，区块链网络是自动化的，也就是说，它能自动更新并自我改造。每一次交易转移的验证信息每十分钟更新一次，并在每一个区块里得到认证，经过确认后被传送到下一个区块，于是就生成著名的序列，名曰区块"链"。一组区块使偷窃比特币变得不可能，比特币传输的整个交易路径和交易历史都是清晰可见且可获取的。若要偷窃，那就必须重写整个信息序列的历史记录，所以这不仅是不可能的，而且即使做到了也徒劳无用。

区块链的第四个特征是，它们不需要管理者或中央权力机构。去中心化和自动化的网络容许数据及其以直接而公开的方式进行组织和管理。"区块链无处不在。志愿者维护区块链，保存着区块链最新的副本，利用自己闲置的算力进行挖矿来维护系统，没有后台交易。每一次操作或交易都传遍全网，可供后续核查和确认。没有任何东西的传送是经过第三方的。没有任何东西储存在中央服务器上。"[2]

除比特币和虚拟货币以外，基于区块序列的公开交易协议还可以应用于各种各样的实际场景。分布式、公开且经过加密的数字认证系统，除去中心化的价值外，还使消除公共的或私人的中介机构

---

1. Tapscott D., Tapscott, A. *Blockchain Revolution: How the Technology Behind Bitcoin is Changing the Money, Business and the World*, New York, Penguin, 2016, p.38.
2. Ibid, p.95.

成为可能。中介机构贯穿人类历史，这一系统能消除担保人角色和中介机构，确立一种新的社会准则。"从长远看，区块链公开交易协议的理念就是使人的组织更具参与性（自愿成为成员）、协作性（被引向共同目标）、合作性（共享所创价值）、分布式（借拓展式网络节点传播和增值）、去中心化（高度分级的模态）以及自动化（因算法和人工智能而自我维持并平等分享价值）。"[1]

因此，区块链是非居间化（disintermediation）的网络。通过加密技术、算法以及软件序列和数据的交互，区块链使群体、区域或整个集体的自我管理成为可能。这不仅仅关乎自我认证，即自动验证各类文件、公证书、毕业证、履历和身份证件的可能性。从区块链着手就有望取消中介担保机构，将原本由第三方执行的控制、认证和验证活动转移给联网的公民。这涵盖了从公开计票选举过程的合规审查到金融交易等方面，还可以用来验证商品的来源以及产品的生产、分销链和消费链。再者，区块链还可以用于水和空气质量、植物和森林健康的公开监测、数据的数字化访问以及公众对整套数据进行核查等。这使人人可参与对多种社会进程的规范和管理："区块链的运行堪称是大规模协作的典范。你能掌控你的数据、财产和参与程度。区块链是分布式的算力，使分布式和集体人力成为可能。"[2]

然而最为重要的是，携手物联网、传感器和数据网络以后，区

1. Accoto, C. *Il Mondo Dato*, Milano, Ed. Egea, 2017, p. 121.

2. Tapscott D., Tapscott, A. *Blockchain Revolution: How the Technology Behind Bitcoin is Changing the Money, Business and the World*, New York, Penguin, 2016, p.112.

块链将使诸多生态系统的连接和连续监测成为可能，使构成我们世界网络的各种实体都可以进行交互。这样一来，一个全新的关系架构诞生了。这个关系架构使人、物体、植物、基础设施以及所有在网络中相互连接、交互和参与的事物之间，能够进行对话以及公开或加密交互。

这些数据网络序列开启了一种新型的社会创新。这是开放和公开的社会创新，由所有的社会成员加以验证。这样的创新使代表型公共领域向网络型数据生态过渡；代表型公共领域的构造成分只有公开发布的信息集合和中介组织的意见，别无其他。

在区块链内，交互不再仅限于人。人也不再只追寻意识形态、议会或政党的动态，因为交互是公共数据转换的结果，而公共数据的转换与整个信息系统有关，数据的转换又来自我们生存环境的所有组成部分。

选择和转换不再是个人选票和意见相加的结果，而是构成我们的生存环境的不同的现实数据序列交互自动连接的结果。这样的变化是否意味着国家的终结，留待历史告诉我们吧。

的确，将机构转换为数据序列，万物、生物多样性和各种事物通过传感器和数据流连接起来——这样的变化迫使我们对社会的概念发生质的转变。与此同时，这也要求我们采用一种不同的社会组织方式和与之接触的方式。我们的"社会"不再仅仅由人组成（因为社会由一切交互实体产生的一系列数据组成），而且社会也不再是人的活动和政治行动的结果。

因此，通过数据链，我们的栖息地成为信息和交互网络：从这个转化开始，我们的世界和现实就开始在算法、软件和数据序列生成的信息加工和组合中建构。由此可见，这不仅仅是现象的变化，而且是"真实"性质的变化，是我们思维结构的变化。千百年来，我们的思维结构把现实描绘为我们周围的环境，而且是人类栖居、因人类行为而变化的环境。换句话说，"真实"的结构变了，而且我们的思维方式以及我们在西方世界中描述和理解环境、自然社会和技术的方式也变了。这是一个量子飞跃，取决于我们栖居和理解当代性的能力。但是，我们要如何重新思考一个社会的理念，更确切地说，"共同体"的理念呢？这个理念不再仅由人的政治行为组织，而是由在不同实体的连接中建设的分布式智能组织。

矛盾的是，能助我们一臂之力的是植物界。斯特凡诺·曼库索[1] 长期研究植物的交互和智能，开拓了一个名曰植物神经生物学（plant neurobiology）的研究领域。这个领域的新发现揭示了的分布式架构形式的存在，植物的分布式架构形式酷似区块链生成的架构。

"植物消耗的能量极少；它们有一个分子架构，共享智能，而且没有控制中心。这是何等胜人一筹的灵感啊！"[2]

曼库索认为，从植物的角度看世界，或者更准确地说从构成植物界的那套网络看世界，那就意味着开辟了一个新的智能理念，这个理念挑战了长久以来我们把自己的形象映射到世界的历史偏见。

---

1. 斯特凡诺·曼库索（Stefano Mancuso），意大利科学家、科普作家，主攻植物神经生物学。——译者注

2. Mancuso, S. *Plant Revolution*, Firenze, Giunti, 2017, p. 10.

"我们设计工作的思路一直是替代、拓展或改进人的工作。实际上人们打造工具时，总是尝试复制动物组织的基本特征。……人们投射到世界上的一切或多或少都倾向于这样一种架构：一个起支配作用的中央大脑和负责执行这个指令的器官。我们的社会也建立在这个陈旧、分层和集中化的设计之上。这个模式的唯一优点是能迅速提供答案——但答案并不总是正确的——这个模式很脆弱、毫无创新性可言。……任何集中化组织从本质上看都是脆弱的。植物体现的模式胜过动物的模式，更具抵抗力且更符合现代理念。它们生动表现出坚固性和应变性的结合。……这是一个分布式的合作机构，没有指挥中心，却能抵御反复发生的灾难而不失去功能，且能快速应变和适应变化。"[1]

在集体决策的基础上，人类克服了一人独尊的帝王和暴君的主权和统治，确立了去中心化的主权形式，实现了与网络架构和数据智能的连接。如今，人类应召向前一步去实现与契约性形式的连接。契约性形式不再是社会的或自然的，而是分布在数据里，由生态环境决定。

从智能、行政管理和施政能力那种单纯人的形式过渡到数据格式、生态网络和数据区块序列"链"，这不仅是最新的乌托邦或思想前沿，而且可能是一个新物种的曙光、另一种人类理念的发端，这是在西方人本主义灰烬上重生的理念，其使命是避免自己的消亡。如果这是一个合理的假设，那就有必要重新思考历史上仅限于

---

1. Mancuso, S. *Plant Revolution*, Firenze, Giunti, 2017, p. 10.

个人意见的人本主义和政治理性。现在看来，那种人本主义和政治理性是一种新的愚昧形式，应该被视为一个暴力世界的碎片、零件和"遗物"。这个世界受一种破坏性的天赋驱动，把一切非人的东西都贬为客体和原材料。正是在这些人本主义的古董和灰烬里，蕴含着未来世界的可能性。正是在不同智能相互连接带来的机遇中，才有可能实现从单一世界到"共生世界"、从"存在"到"共在"的转变。

附录　数字公民身份宣言书

我们时代的典型特征是发生了重大变革——主观和人本的互动形式和公民身份正在走向数字、算法和信息生态的参与和生活形式。改变我们的社会观念势在必行，我们要做好准备，融入未来世界的信息生态和网络之中。

一、从社会到连接网络

1. 社会不再仅由人组成。算法、数据库、自动化智能、森林、二氧化碳排放、气候——这些网络交互架构的元素——都开始"发声"，都开始参与并影响我们的行为。

2. 数据网络和连接架构（物联网、大数据等）开发出分布式智能形式，能连接不同的实体，多类型的事物联网。

3. 与网络和数据库连接，我们将自身感知范围和思维边界延伸至整个星球，使自己成为比特星汉的公民。

4. 我们不再仅仅栖居在某个国家、都市或民族之中，而是通过不同类型的连接栖居在生物圈里。

5. 公民身份的数字形式也许会独立于民族国家赋予的公民身份，而且会提出非传统的归属形式，这样的归属形式未必和特定的地方或民族联系。

二、从议会到数据平台

1. 在跨有机的生态群里，独自行动是不可能的。行动的选择是不同形式实体之间的复杂交互、数据和信息交换的结果。

2. 有必要克服启蒙主义的公民身份观念，走向协商型的新观念，新观念不仅适用于社会和人，而且延展到智能技术、生物多样性和气候领域，延伸到数字网络和数据流交互的一切领域。

3. 与数据库和智能神经网络的连接使我们有机会与非人的智能形式连接。数字交互平台提供丰饶的连接沃土，使人类智能与数据、气候和生物多样性连接，实质性地拓展了我们的认知范畴，使人的责任延伸到这个全球层面。

4. 西方民主形式基于代表制选举制，仅仅由人类组成的议会组织起来；与之相对，平台和智能网络以协同和连接的方式、通过数据的获取和数字网络的参与来拓展人类行动的潜力。

5. 如果说政治民主使公民的参与局限于每四到五年一届的代表选举，那么数字公民身份则是可以将参与和行动转变为一个基于信息持续交流以及人类与非人类之间复杂交互的过程。

三、从政治身份到数字个体

1. 数字公民身份提倡信息个体对亚里士多德所定义的政治主体的取代：生成既非主体亦非客体的复杂智能网络，要以连接、开放和可变的方式存在。

2. 信息个体是物理个体和数字个体中不可分割的一部分，物理个体是有机体，数字个体由一整套的线上数据和数字档案构成。

3. 信息个体通过与设备、平台和数字架构连接交互，这些连接将物理空间的参与延伸至比特层面。

4. 信息个体不仅有个体意识，还承载着数字无意识，数字无意识靠网络上可获取且可控的大量数据的积累而形成的。

5. 网络数据的存取、保护和权利的协调必须遵守透明的逻辑。信息个体对权利和责任的声明必须包括两个方面：个体控制和使用自己数据的权力，同时还应允许公共机构拥有自由获取数据的权力。

四、数字公民身份教育

1. 知识日益难以和网络分离，没有数据和信息网络，知识的获取与运用便难以实现。全面了解网络交互中的规定、权利、特权和义务非常重要。

2. 算法逻辑允许人们能够访问数据，连接数据，识别关系、联系和数量。因此，线上参与的空间需要保护，使其值得信赖，使网络以一种更有意识的方式被使用。

3. 我们要开发软件、算法和规则，以确保对他人权利的尊重，促使人们积极、切实地参与决策过程和数字治理新模式。

4. 建构数字公民身份是全社会的责任，是所有公立和私立教育机构的责任。这意味着通过在日益连接紧密的世界中培养每个人的生存技能，实现负责任的参与和有意识的互动。因此，我们的任务就是要建设更具包容性和智能性的网络。

5. 有必要创建一个全球《大宪章》，指引人与非人的交互，走向一个有利于促进网上各种人与非人实体交互的合议共治、可持续、相互尊重的未来。

术语对照表

本书术语新颖繁多，谨此整理以帮助读者理解。

actant 行为体（格雷马斯首创）
activism 行动主义
　　web-activism 网络行动主义（费利斯提出）
actor 行为者
　　actor-network 行动者网络
　　Actor-Network Theory 行动者网络理论
　　actor-subject 行为者主体
　　social actor 社会行为体
　　non-human social actors 非人的社会行为体
adaptative principle 适应性原理
agent 行为体
　　biological agent 生物行为体
　　geological agent 地质行为体

algorithm 算法
algorithmic citizenship 算法公民身份
alterities 他者
Anonymous 匿名者
anthropocene 人类世
anthropic cosmological principle 人择宇宙学原理
anthropomorphic 拟人化的
anthropomorphic complex 拟人化情结
architectures 架构
　　digital architectures 数字架构
　　living architectures 生命架构
Array of Things/AoT 阵列物联网
associative notion 关联概念
associative quality 关联性
atopy, atopia, atopic 非局部性
　　atopic living 非局部性生存
autopoietic 自创生的
Atopos USP 圣保罗大学跨学科数字

网络研究中心

beings-with 偕行存在物，此在
biocenosis 生物群落
biogeocenosis 生物地理群落
biological person 生物人
biomimetic digital forms 仿生数字形式
biosphere 生物圈
byte 字节
    Terabyte 太字节
    Petabyte 拍字节
    Exabyte 艾字节
    Zettabyte 泽字节
    Yottabyte 尧字节

co-evolution 协同进化
co-worlds 共生世界
collective 集体的
    collective intelligence 集体智能
    collective identities 集体身份
    collective interest 集体利益
communicative 交往的，交流的
    communicative form of living 生存交往形式（费利斯提出）
    pan-communicative quality 泛交往的属性
connected surfaces 互联界面
connectivity 连通性
connective synergy 连接式协同
contractuality 契约性

blockchain distributed contractuality 区块链的分布式契约性
cookies 小型文本文件
    first party cookies 第一方小型文本文件
    third party cookies 第三方小型文本文件
cosmopolitics 寰宇政治

data 数据
    datacracy 数据统治
    data personalities 数据人格
    datavidual 数据个体
    biometric data 生物特征数据
    sociometric data 社会计量数据
democracy 民主
    direct democracy 直接民主
    liquid democracy 液态民主
    representative democracy 代议制民主
digital 数字的
    digital assistant 数字助理
    digital avatar 数字虚拟化身
    digital citizenship 数字公民
    digital clone 数字克隆
    digital conflict 数字冲突
    digital ecologies 数字生态（系统）
    digital network 数字网络
    digital neural networks 数字神经网络
    digital operating system 数字运行系统

digital platforms 数字平台

digital unconscious 数字无意识

digital platform of interaction 数字交互平台

distribute 分布式的

distributed citizenship 分布式公民身份

distributed ledger 分布式账本

distributed contractuality 分布式契约性

distributed structure 分布式结构

ecology 生态，生态学

ecologies of practice 实践生态

ecosystem 生态系统

interactive ecology，ecology of interaction 交互生态

living ecosystems 生命生态系统

connected ecologies 连接式生态

participative ecologies 参与式生态

predatorial ecology 捕食性生态

complex interactive ecologies 复杂交互生态

types of ecosystems 生态系统类型

entity 实体

living entity 生命实体

robotic entity 机器人实体

interacting entity 交互实体

non-human interacting entity 非人交互实体

feeling 感情

transorganic feeling 跨有机体感情

feeling in digital network 数字网络中的情感

Gaia hypothesis 盖亚假说，盖亚理论，盖亚原理

heteronomic process 他律过程

heteropoietic 异种创生的

history 历史

geo-history 地球历史

hyperhistory 超历史

hologram identities 全息身份

hologram personalities 全息式人格

hyper- 超级

brain hypercortex 脑皮质亢进

hyperconnected 超连通的

hyperobjects 超物

hypercomplex world 超级复杂世界

hyperintelligence 超级智能

hypertechniques 超级技术

hypertext 超文本

identity 身份

digital identities 数字身份

hologram identities 全息身份

legal identity 合法身份

political identity 政治身份

individual 个体

individual conscious 个体意识

infovidual 信息个体
info-ecologies 信息生态
info-material 信息材质的
info-material ecologies 信息材质生态
info-organic entities 信息 – 有机实体
info-world 信息世界
intelligence 智能
 intelligence network 智能网络
 automatized forms of intelligence 自动化智能形式
 human or non-human forms of intelligence 人或非人的智能形式
 trans specific intelligence 跨类智能
 collective intelligence 集体智能
 types of intelligence 智能类型
internet 互联网
 internet of data 数据互联网
 internet of things/ IoT 物联网
 social internet 社交互联网
interaction 交互；互动
 platform of interaction 交互平台
 network of interaction 交互网络
 interaction complexity 交互复杂性
intra-actions 内在行为关系

Large Language Model 大语言模型
LiquidFeedback 液态反馈交互平台

Mitsein/ being-with 此在（海德格尔语）
Mitdasein/ being-there with 共在（海德格尔语）
Mitwelt 共生世界（海德格尔语）
mythless ritual 无神话的仪式

network 网络
 aggregative networks 聚合网络
 disintermediation networks 非居间化网络
 network-being 网络存在
 neural networks 神经网络
 network of networks 万网之网
 epigenetic network 表观遗传网络
 automated neural intelligence networks 自动化神经智能网络
 delimited metabolic network 有边界的代谢网络
nonhuman 非人
non-disciplinary field 非学科研究的场域
non-human entities 非人实体
non-identity 无身份者
non-local，non-locality 非局域性
 quantum nonlocality 量子非局域性
non-place 非场所
novacene 新星世

online 再现，线上
online Indian network 印第安原住民交流网络
online sexuality 网络性行为
ontology 本体论

Aristotelian ontology 亚里士多德本体论

    separatist ontology 分离主义本体论

organism 有机体

    cybernetic hybrid organisms 赛博格混合体

parliament of things 物的议会

participation 参与

    participation without a party 无党派身份的参与

    collective participation 集体参与

    direct citizen participation 公民直接参与

    online participation 线上参与

passive consensus 消极的共识

planetary parliament 全球议会

plant neurobiology 植物神经生理学

planetoid 植物机器人

platform 平台

    Rousseau platform "卢梭"平台

    transorganic platform 跨有机平台

    platform society 平台社会

post-territoriality 后领地性

presentification 当下化

perspectivism 视角主义

protagonism 主角，重要角色

    extra-human protagonism 超乎人类的主导现象

protest 抗争

    protests in the streets 街头抗争

    unconventional forms of protest 非传统的抗议形式

    Arab Spring 阿拉伯之春

    Indignados movement in Spain 西班牙的愤怒者运动

    Cinque Stelle Movement 意大利的五星运动

    French Gilets Jaunes 法国的黄马甲运动

    June Journeys in Brazil 巴西的 6 月进军运动

    Occupy Wall Street 占领华尔街运动

    12th March Movement in Portugal 葡萄牙的"3·12"运动

    Zapatist National Liberation 墨西哥的萨帕塔民族解放运动

quantum ecology 量子生态学

    quantum physics 量子物理学

    quantum computing 量子计算

reality 现实

    autonomous reality 自主现实

    defined reality 界定分明的现实

    delimited reality 受局限的现实

    extended reality 扩展现实

    principle of reality 现实原理

    statute of reality 现实法规

    materially finite reality 物质有限的世界

programmable reality 可编程的现实
self-centered reality 自我中心的现实

robotics 机器人学
android 安卓机器人
cyborg 赛博格（人）
humanoid 人形机器人

Satoshi Nakamoto 中本聪
separation between the knower and the
known 知者与认知对象分离
social credit system /SCS 社会信用系统
structure 结构
interacting structure 交互式结构
sub specie iuris 法律视角下
supranational institutions 超国家机构
sympoiesis 共生关系
system 系统
cybernetic system 网络控制系统
ecosystem 生态系统
Geographic Information System 地
理信息系统
informational system 信息系统
immune information system 免疫信
息系统
intelligent systems 智能系统
intelligent information system 智能
信息系统
Political Multi-agent System 政治
多智能体系统
writing system 书写系统

technological genius loci 技术神韵
theory of dissipative structures 耗散结
构理论
transhumanism 超人类主义
transorganic 跨有机的
transorganic architectures 跨有机体
架构
transorganic connectivity 跨有机连接
transorganic ecology 跨有机生态
transorganic intelligence 跨有机智能
transspecific 跨物种的
tropism 向性
electrotropism 向电性
gravitropism 向重力性
hydrotropism 向水性
oxytropism 向氧性
phototropism 向光性
thigmotropism 向触性

unidentified political objects 界定不明
的政治客体

译后记

  《数字公民：智能网络时代的治理重构》中译本是又一出"新三国演义"。作者马西莫·费利斯是巴西人，推荐人和赐序人德克霍夫是加拿大人，中译者是我这个中国人。中译本是我们三人一年来亲密合作的产物。我们的三篇序文篇幅不小，交相辉映，德克霍夫的序文还很长。中文版序的题名"人本主义的终结与西方民主的危机"是他自拟的，德克霍夫序文的题名"西方认识论的危机和新世界的建构"是由我提议并被德克霍夫教授欣然接纳的。我的序文"泛公民身份的张扬与后人类社会的宣言"意在彰显并突出该书的主题。

  马西莫·费利斯教授领衔的《数字公民身份宣言书》（2010）由六位著名学者联署，德克霍夫是其中之一。《数字公民》（2019）中译本（2025）纳入我们这套媒介环境学译丛，有助于拓展国内对北美起源的媒介环境学的研究，有助于该学科在中国的发展，而且给蓬勃发展的新文科和交叉学科投入了一缕拉丁美洲的魔幻色彩。

本书术语新颖繁难，却无索引，我们整理了一个"术语对照表"，谨此助读者一臂之力。

何道宽

于深圳大学文化产业研究院

深圳大学传媒与文化发展研究中心

2024 年 5 月 20 日

数字公民：智能网络时代的治理重构

译者介绍

何道宽，深圳大学英语及传播学教授，荣获翻译文化终身成就奖（2023），深圳市政府津贴专家（2000）、资深翻译家（2010）、《中国传播学 30 年》（2010）学术人物、《中国新闻传播学年鉴》（2017）学术人物、《中国新闻传播教育年鉴》（2021）"名家风采"人物。曾任中国跨文化交际学会副会长（1995—2007）、广东省外国语学会副会长（1997—2002）、中国传播学会副理事长（2007—2015），现任中国传播学会终身荣誉理事、深圳翻译协会高级顾问，从事英语教学、跨文化翻译和跨学科研究 60 余年，率先引进跨文化传播（交际）学、麦克卢汉媒介理论和媒介环境学。著作和译作逾一百种，著译论文字逾 2000 万。

著作 7 种，要者为《中华文明撷要》(汉英双语版)、《凤兴集：闻道·播火·摆渡》、《焚膏集：理解文化与传播》、《问麦集：理解麦克卢汉》、《融媒集：理解媒介环境学》、《创意导游》、《实用英语语音》。

论文 50 余篇，要者有《介绍一门新兴学科——跨文化的交际》

《比较文化我见》《中国文化深层结构中的崇"二"心理定势》《论美国文化的显著特征》《和而不同息纷争》《麦克卢汉：媒介理论的播种者和解放者》《莱文森：数字时代的麦克卢汉，立体型的多面手》《媒介环境学：从边缘到庙堂》《泣血的历史：19世纪美国排华的真相》《尼尔·波兹曼：媒介环境学派的一代宗师和精神领袖》等。

译作涵盖了绝大多数人文社科领域，共110余种（含再版），要者有《理解媒介》《媒介环境学》《理解媒介预言家：麦克卢汉评传》《麦克卢汉精粹》《弗洛伊德机器人：数字时代的哲学批判》《个人数字孪生体》《数据时代》《心灵的延伸：语言、心灵和文化的滥觞》《文化树：世界文化简史》《超越文化》《无声的语言》《数字麦克卢汉》《交流的无奈：传播思想史》《传播的偏向》《帝国与传播》《模仿律》《技术垄断》《与社会学同游》《游戏的人》《中世纪的秋天》《口语文化与书面文化》《传播学批判研究：美国的传播、历史和理论》《裸猿》《作为变革动因的印刷机》《传播学概论》等。

"媒介环境学译丛"书目

1.《媒介环境学：思想沿革与多维视野》（第二版），［美国］林文刚 编 / 何道宽 译，118.00 元

2.《什么是信息：生物域、符号域、技术域和经济域里的组织繁衍》，［加拿大］罗伯特·K.洛根 著 / 何道宽 译，59.00 元

3.《心灵的延伸：语言、心灵和文化的滥觞》，［加拿大］罗伯特·K.洛根 著 / 何道宽 译，79.00 元

4.《震惊至死：重温尼尔·波斯曼笔下的美丽新世界》，［美国］兰斯·斯特拉特 著 / 何道宽 译，55.00 元

5.《文化的肌肤：半个世纪的技术变革和文化变迁》（第二版），［加拿大］德里克·德克霍夫 著 / 何道宽 译，98.00 元

6.《被数字分裂的自我》，［意大利］伊沃·夸蒂罗利 著 / 何道宽 译，69.00 元

7.《数据时代》，［意大利］科西莫·亚卡托 著 / 何道宽 译，55.00 元

8.《帝国与传播》(第三版)，[加拿大]哈罗德·伊尼斯 著／何道宽 译，59.00 元

9.《传播的偏向》(第三版)，[加拿大]哈罗德·伊尼斯 著／何道宽 译，59.00 元

10.《麦克卢汉精粹》(第二版)，[加拿大]埃里克·麦克卢汉、[加拿大]弗兰克·秦格龙 编／何道宽 译，108.00 元

11.《个人数字孪生体：东西方人机融合的社会心理影响》，[意大利]罗伯托·萨拉科、[加拿大]德里克·德克霍夫 著／何道宽 译，79.00 元

12.《伟大的发明：从洞穴壁画到人工智能时代的语言演化》，[意大利]保罗·贝南蒂 著／何道宽 译，59.00 元

13.《假新闻：活在后真相的世界里》，[意大利]朱塞佩·里瓦 著／何道宽 译，59.00 元

14.《麦克卢汉如是说：理解我》(第二版)，[加拿大]马歇尔·麦克卢汉 著，[加拿大]斯蒂芬妮·麦克卢汉、[加拿大]戴维·斯坦斯 编／何道宽 译，79.00 元

15.《柏拉图导论》，[英]埃里克·哈弗洛克 著／何道宽 译，69.00 元

16.《数字公民：智能网络时代的治理重构》，[巴西]马西莫·费利斯 著／何道宽 译，59.00 元

17.《变化中的时间观念》(第二版)，[加拿大]哈罗德·伊尼斯 著／何道宽 译，59.00 元

18.《弗洛伊德机器人：数字时代的哲学批判》，刘禾 著／何道宽

译，88.00 元

19.《随机存取存储器：数字技术革命的故事》，［法国］菲利普·德沃斯特 著／何道宽 译，69.00 元

20.《理解媒介预言家：麦克卢汉评传》，［加拿大］特伦斯·戈登 著／何道宽 译，88.00 元